부처님 광명 기원문

佛光祈願文

부처님 광명 기원문

성운대사 글
원성스님 그림
조은자 옮김

운주사

● 자서 ●

기원祈願은 수행의 하나이다

60년 전, 그러니까 1939년의 봄날 서하산에서 삭발할 때 저는 겨우 12살이었습니다.

깊은 밤이 되면 종종 저는 혼자 법당의 부처님 전에 무릎 꿇고 앉아 부처님과 관세음보살님께 지혜롭고 총명하게 해주시고 가피해 주십사 기원했습니다. '기원'이라는 수행이 제 자신의 역량을 증가시키고 제 자신의 신심을 증장시켜주는 것 같았습니다. 그래서 출가하여 60년, 갑자의 세월 동안 '기원'은 줄곧 제 자신이 매일 반드시 해야 하는 수행이었습니다.

'기원'은 '기도祺禱'라고도 합니다. '기도'는 원래 각 종교마다 가지고 있는 의식입니다.

어려서 제가 있던 총림고찰에서는 초하루와 보름이면 '기도'를 정식으로 진행했습니다. 다만 당시의 '기도문'은 문장이 길고 뜻이 심오해 초학자가 깨우치기에는 어려움이 있었습니다. 그래서 저는 스승님의 가르침대로 '지성으로 보리심을 내니 연화가 두루 피어납니다. 제자의 마음이 몽롱하니 관세음보살님께서 총명함과 지혜를 주십시오'라고 기원하며 절을 했습니다. "나무관세음보살!" 외치며,

아침저녁으로 기원을 드릴 수밖에 없었습니다. 그때 제 마음에는 불교와 사회를 위해, 대중 누구나 이용할 수 있는 '기원문'을 쓰겠다는 한 가지 서원이 자리 잡았습니다.

　수년 동안 저는 성대한 법회든 경축하는 자리든 애도하는 자리든, 심지어는 '가정법회'를 할 때에도 항상 당사자를 위해 기도를 드렸습니다. 과거 중국에서 불보살 앞에서 낭독하던 '문소文疏'와 대만에서의 '표장表章' 모두 낭송하는 데 리듬이 있어야 했고, 그것은 보통 사람이 능숙하게 해낼 수 있는 것이 아니었습니다. 그래서 저는 구어체를 활용해 '기원'을 드렸는데 효과가 좋은 것 같았습니다. 후에 세계 각지에서 불광제자들이 필사를 하여 각종 모임에서 기원할 때 사용하였는데, 사람들이 '깊은 감동이 느껴진다'고 평했습니다.

　범패와 독경이 원래 불제자와 불보살이 소통하는 교량이라면, '기원'은 또한 불자들이 마음속의 수많은 감동을 표출하는 방법이기도 합니다. '기원'은 곧 신앙에 대한 희망입니다. 일상생활에서는 이 발원에 의지해야만 인간세상에 희망이 있고, 인생이 더 나아질 수 있으며, 인격이 원만하게 완성될 수 있습니다. 보현보살의 십대서원, 관세음보살의 십이대서원 등 보살들 역시 원력에 의지해서 불도를 완성할 수 있었던 것 아닙니까?

　일반인의 기원은 자신을 위한 무언가를 구하는 것이 많습니다. 저도 12살 전에는 보통 사람과 마찬가지로 항상 부처님께 '가피해 달라, 더 총명하고 향상하게 해 달라, 모든 난관을 헤쳐 나가게 해 달라, 불도를 순조롭게 이루도록 해 달라'고 빌었습니다.

스무 살이 되어 불학원을 끝마치면서 문득 불보살님께 제 자신을 위해 매일 이거 해 달라, 저거 해달라 요구하는 것이 너무 이기적인 것은 아닌가 하는 생각이 들었습니다. 그 후 저는 부모와 스승, 친구, 그리고 인연 있는 신도대중이 건강하고 평안하며 복과 지혜가 증장되기를 바라는 기원을 드리게 되었습니다.

  세월이 흐르고 흘러 마흔 살이 되고, 어느 날 제 스스로를 가만히 들여다보니 이것도 여전히 이기적이고 탐욕적인 요구라는 걸 알게 되었습니다. 원하는 것 모두 '나의' 스승, '나의' 부모, '나의' 친구에 관한 것이기 때문입니다. 그래서 40세에서 50세까지 저의 기원은 또 한 번 전환을 맞았습니다. 저는 세계 평화, 국가 부강, 사회 안락, 중생 제도를 위해 기원했습니다. 이때 저는 『화엄경』의 '중생이 고난에서 멀어지길 원할 뿐, 자신의 안락을 구원하지 않겠다.'라는 가르침을 제 자신이 실천하고 있는 것처럼 다 느껴졌습니다.

  오십 세가 지나면서 저는 또 문득 매일 불보살님께 세계를 위해, 사회를 위해 요구하는데, 정작 제 자신은 '무얼 하고 있었는가?' 생각이 들었습니다. 그때부터 저는 불보살님에게 제가 '세상 중생을 대신해 업장과 고난을 짊어지고, 냉혹하고 따스한 세간의 인심을 감당하고, 제가 부처님의 대자대비를 실천하고, 부처님이 설하신 깊은 법 가운데 이롭고 환희로운 가르침을 배우겠습니다'라고 기원 드렸습니다.

  발심 서원은 입으로만 떠드는 것이 아니라 수행하고 실천하는 것입니다. 당시 발원한 것을 발췌해 쓴 '기원문'은 제자인 만과滿果 스

자서

님, 만의滿義 스님, 만제滿濟 스님, 학료學了 스님, 묘광妙廣 스님 등이 수록하는 데 도움을 주었고, 이제 드디어 '원력성취'하여 출판 유통하게 되었습니다.

현재 호주 남천사에서는 솔선하여 아침 저녁 예불에서 사용하고 있고, 싱가포르의 불광연佛光緣에서는 CD로 제작해 유통하고 있습니다. 세계 각지에서도 연이어 수집, 간행하고 있습니다. 판본의 통일을 기하기 위해, 불광산 종무위원회에서는 「향해문화香海文化」의 영균永均 스님에게 일임하였으며, 그곳에서 제작 발행하여 인연 있는 분들이 쉽게 사용하도록 했습니다.

여러분께서 시간에 구애 없이 매일, 특히 아침·저녁으로 한 번씩 낭송하여 자신의 신심을 고취시키고 자비와 도덕을 증진시키는 기회로 삼으며, 제불보살과 소통하고 사회대중의 요구를 느낄 수 있기를 희망합니다. 물론 저는 이『불광기원문佛光祈願文』이 재가자 수행의 교과서가 된다면 더할 나위 없이 기쁘겠습니다. 이제 곧 유통되는 시점에서 그 인연을 위와 같이 적어봅니다.

불광산 법당에서
성운 합장

● 추천사 ●
탁월한 식견과 인간세상의 수행자

인류는 생로병사, 천재지변, 생명과 재산의 상실 위기를 마주할 때면 항상 자신이 보잘것없고 무능력한 존재라는 것을 느낍니다. 그리고 자연스럽게 초월적 힘을 가진 신에게 구원을 청합니다. 이것이 기도祈禱 혹은 도고(禱告, 다른 사람을 대신해서 하나님께 간구하고 청원하는 것)입니다. 각 종교는 가르침, 규율, 예식 등이 서로 다르지만, 기도의 중요성을 강조함은 물론 기도를 인간과 신이 접촉하는 첩경이자 신에게 속마음을 털어놓는 정상적인 통로로 인식하고 있습니다.

높은 수행의 경지에 오르신 분은 기도할 때 반드시 인간의 언어와 문자를 사용하지는 않습니다. 그분들은 마음과 마음으로 신들과 소통하고 일체가 됩니다. 그러나 일반 신도는 대부분 마음과 마음으로 신들과 소통할 줄 모르는 까닭에 신들과 마음으로 하나 되는 경계에 이르기는 더욱 어렵습니다. 이런 이유로 해서 일반 신도가 여러 가지 상황에서 신에게 기도를 올리도록 도움을 주는 현자의 기원문이 필요합니다.

불광산의 개산 종장이신 성운대사께서는 불광산의 일반신도가

급변하는 불안한 사회에서 안정과 화목의 힘이 더욱 필요하다는 것을 살피시고, 여러 가지 다급하게 필요한 환경에서 독송하여 마음의 안정과 화목을 얻을 수 있게 바쁘신 가운데서도 틈나는 대로 『불광기원문』을 엮어내셨습니다.

성운대사는 높이 바라보고 멀리 내다보는 탁월한 식견識見의 선각자이십니다. 대사께서는 '인간불교'를 기치로 불교사상 대혁신을 열었습니다. 대사께서는 불교 승려는 모두 산속 총림에서 홀로 자신의 수행을 해나가는 사람이라는 일반인들의 불교에 대한 고지식한 전통적 관념을 바꿔놓았습니다. 또한 불교 안팎을 일신하고 활력을 불어넣었습니다. 안으로는 고학력 출신의 출가자 양성에 진력하고, 밖으로는 두루 선연을 맺고 대학과 방송매체 등을 설립하였으며, 스님을 파견하여 불법을 5대양 6대주에 널리 알리도록 했습니다. 수십 년의 짧은 시간 내에 이처럼 찬란한 성과를 이룩해 낸 것은 실로 탄복할 만한 일입니다. 대사께서는 천고에 이름을 날릴 위대한 사업을 펼쳤을 뿐만 아니라, 서민의 고통을 세심하게 살펴주셨기에 저서 『불광기원문』을 엮어내셨습니다.

성운대사의 또 다른 장점은 심오한 불법의 철학이론을 누구나 이해하기 쉬운 언어나 문자를 사용해 표현한다는 것입니다. 대사의 설법을 들으면 지루하지도 않고 오히려 즐겁기까지 합니다. 재치 있는 입담은 물론 재미있고 흥미로운 이야기들을 섞어서 하기 때문입니다. 『불광기원문』은 바로 이런 평범하고 이해하기 쉬운 문자로 써낸 것이며, 인간이 여러 가지 필요한 상황에서 마음의 해탈과 평온함을 얻도록 도움을 줄 것입니다. 이런 연유로 저는 불교신자들께 진심으로 이 저서를 추천하는 바입니다.

가오슝(高雄) 자택에서

단국새單國璽

● 차례 ●

자 서 기원祈願은 수행의 하나이다   5
추천사 탁월한 식견과 인간세상의 수행자   9

탄생의 기쁨

불광기원문 001 부모, 친지를 위한 기원문   20
불광기원문 002 부모님 생신을 맞이하여 드리는 기원문   24
불광기원문 003 남편을 위한 기원문   28
불광기원문 004 아내를 위한 기원문   32
불광기원문 005 임신부를 위한 기원문   36
불광기원문 006 신생아를 위한 기원문   40
불광기원문 007 소녀를 위한 기원문   44
불광기원문 008 청소년을 위한 기원문   48
불광기원문 009 군 복무자를 위한 기원문   52
불광기원문 010 노인을 위한 기원문   56

즐거움의 성취

불광기원문 011 새벽에 드리는 기원문   62
불광기원문 012 잠들기 전 기원문   66

불광기원문 013 생일 기원문	70
불광기원문 014 제야除夜에 드리는 기원문	74
불광기원문 015 신춘 기원문	78
불광기원문 016 재부財富를 바라는 기원문	82
불광기원문 017 널리 선연 맺기를 바라는 기원문	86
불광기원문 018 자신감을 기원하는 기원문	90
불광기원문 019 참괴慙愧 기원문	94
불광기원문 020 참회 기원문	98

행복 예찬

불광기원문 021 혼인 기원문	104
불광기원문 022 성년례 기원문	108
불광기원문 023 주택 착공식 기원문	112
불광기원문 024 주택 낙성식 기원문	116
불광기원문 025 가정법회를 위한 기원문	120
불광기원문 026 조상님을 위한 기원문	124
불광기원문 027 수험생을 위한 기원문	128
불광기원문 028 여행자를 위한 기원문	132
불광기원문 029 취업 기원문	136
불광기원문 030 피안(사업성취) 기원문	140

대원 경지 大圓鏡智

불광기원문 031 애착을 내려놓는 기원문	146
불광기원문 032 마음이 어지러운 이를 위한 기원문	150
불광기원문 033 학교를 세운 공덕주를 위한 기원문	154
불광기원문 034 법을 전하는 선지식을 위한 기원문	158
불광기원문 035 경전과 법을 듣는 이를 위한 기원문	162
불광기원문 036 사회대중을 위한 기원문	166
불광기원문 037 국가의 복을 기원하는 기원문	170
불광기원문 038 세계평화를 위한 기원문	174
불광기원문 039 자연생태계를 위한 기원문	178
불광기원문 040 지진 피해자를 위한 기원문	182

복혜福慧와 자재自在

불광기원문 041 정업正業을 행하지 않는 이를 위한 기원문	188
불광기원문 042 싸움을 좋아하는 이를 위한 기원문	192
불광기원문 043 실업자를 위한 기원문	196
불광기원문 044 유랑자를 위한 기원문	200
불광기원문 045 집과 나라를 잃은 이를 위한 기원문	204
불광기원문 046 폭력적인 사람들을 위한 기원문	208
불광기원문 047 빈곤으로 고통 받는 사람들을 위한 기원문	212
불광기원문 048 길을 잘못 든 이를 위한 기원문	216

불광기원문 049 수형자를 위한 기원문   220

불광기원문 050 사형수를 위한 기원문   224

고락苦樂의 깨달음

불광기원문 051 병문안 기원문   230

불광기원문 052 장애인을 위한 기원문   234

불광기원문 053 의지할 곳 없는 이를 위한 기원문   238

불광기원문 054 난치병 환자를 위한 기원문   242

불광기원문 055 극락왕생을 위한 기원문   246

불광기원문 056 망자와 유가족을 위한 기원문   250

불광기원문 057 학대받는 아동을 위한 기원문   254

불광기원문 058 고난 받는 여성을 위한 기원문   258

불광기원문 059 재난 소멸 기원문   262

불광기원문 060 임종 기원문   266

환희와 융화

불광기원문 061 국군 장병을 위한 기원문   272

불광기원문 062 탐험가를 위한 기원문   276

불광기원문 063 환경미화원을 위한 기원문   280

불광기원문 064 농·어업 종사자를 위한 기원문   284

불광기원문 065 의료인을 위한 기원문   288

불광기원문 066 경찰관을 위한 기원문	292
불광기원문 067 봉사자를 위한 기원문	296
불광기원문 068 기술자를 위한 기원문	300
불광기원문 069 재난구조요원을 위한 기원문	304
불광기원문 070 소방대원을 위한 기원문	308

선하고 좋은 인연

불광기원문 071 연예인을 위한 기원문	314
불광기원문 072 교통 관계자를 위한 기원문	318
불광기원문 073 해양 근무자를 위한 기원문	322
불광기원문 074 화류계 여인을 위한 기원문	326
불광기원문 075 운전자를 위한 기원문	330
불광기원문 076 선생님을 위한 기원문	334
불광기원문 077 대중매체 사업자를 위한 기원문	338
불광기원문 078 체신업 노동자를 위한 기원문	342
불광기원문 079 폐기물 처리인을 위한 기원문	346
불광기원문 080 전사장병을 위한 기원문	350

비지悲智와 원행願行

| 불광기원문 081 삼보 귀의 기원문 | 356 |
| 불광기원문 082 오계 수지 기원문 | 360 |

불광기원문 083 헌등 기원문   364
불광기원문 084 공수법회 기원문   368
불광기원문 085 아미타불을 향한 기원문   372
불광기원문 086 약사여래를 향한 기원문   376
불광기원문 087 관세음보살을 향한 기원문   380
불광기원문 088 삼시계념 불사를 위한 기원문   384
불광기원문 089 양황보참 기원문   388
불광기원문 090 자비삼매수참 기원문   392

자비慈悲와 희사喜捨

불광기원문 091 부처님오신날 기원문   398
불광기원문 092 점안식 기원문   402
불광기원문 093 부처님 치아사리 맞이 기원문   406
불광기원문 094 아귀 구원 기원문   410
불광기원문 095 산사 참배 기원문   414
불광기원문 096 출가수도자를 위한 기원문   418
불광기원문 097 재가신도들을 위한 기원문   422
불광기원문 098 부모님을 위한 출가승의 기원문   426
불광기원문 099 출가자녀를 위한 기원문   430
불광기원문 100 천지신명을 위한 기원문   434

불광기원문

我願·歡喜

탄생의 기쁨

원하옵건대, 제 자신의 행복을 기원합니다.

고개 숙여 합장하며
고요한 마음으로
기도 올립니다

바라옵건대 제가
모든 것에 감사할 줄 알고
환희롭게 인간을
바라보게 해주십시오

불광기원문 001

부모, 친지를 위한 기원문

자비롭고 위대하신 부처님!
나무는 가만히 있고자 하나 바람이 내버려 두지 않고
자식은 효도하려 하나 부모님은 기다려 주지 않는다 합니다.
저의 가족 친지 중에는
이미 세상과의 인연이 다한 분들도 있고
여전히 건강하고 편안하게 지내는 분들도 있습니다.
저는 부끄러운 마음으로 참회합니다.
저의 가족친지들께 효도를 다 하지도 못하였고,
저의 집안어른들을 자주 찾아뵙지도 못하였습니다.
자비롭고 위대하신 부처님!

제가 울음을 터트리며 세상에 태어난 순간부터 돌이켜보니
부모님은 저를 낳아 길러주셨고
가족은 저를 가르치고 성장케 하였는데
저는 그들에게 받기만 하고
보답한 적 별로 없습니다.
제가 눈물을 흘리고 있을 때면
그들은 저를 기쁘게 해주었고
제가 실망하고 있을 때면
그들은 저를 격려해 주었습니다.
일상생활 가운데에서
그들은 저를 보듬어 감싸주고
제가 난관에 부딪혀 좌절할 때면
그들은 저를 위로해 주었습니다.
까마귀도 자라면 부모에게 먹이를 물어다 줄 줄 알고
어린 양도 무릎을 꿇고 어미 양의 젖을 먹는다 합니다.
부모님에 대한 저의 효도와 봉양이
어찌 이러한 짐승보다도 못하겠습니까!
부처님이시여!
당신도 직접 아버지 정반왕의 관을 짊어지셨고
당신도 어머니 마야부인께 설법하기 위한 고된 여정을 하셨습니다.
저는 비록 당신의 제자가 되었지만
부끄럽게도 당신의 가르침에 미치지 못하나이다.

제게 자신감을 내려주시길 바라옵니다.
저는 돌아가신 선조들을 빛내길 기원합니다.
저는 살아계신 친족을 인도하길 기원합니다.
저의 부모님과 가족들을 가피해 주시어
그들이 건강하고 장수를 누리도록 해주십시오.
그들이 평안하고 자유롭도록 해주십시오.
만일 제가 영광을 누린다면
그들과 함께 나누길 바랍니다.
만일 제가 풍족함을 누린다면
그들도 부족하지 않길 바랍니다.
부처님께 간절히 기원하옵니다.
제가 누리는 세월의 일부를
저의 가족을 위해 봉사할 수 있게 해주시고,
저의 마음속 조그마한 성의가
웃어른들의 인정을 받도록 해주십시오.
자비롭고 위대하신 부처님!
제자가 드리는 우직한 정성 받아 주옵소서.
제자가 드리는 우직한 정성 받아 주옵소서.

탄생의 기쁨

불광기원문 002

부모님 생신을 맞이하여 드리는 기원문

자비롭고 위대하신 부처님!
오늘은 저의 아버지(어머니)의 생신입니다.
부모님을 위해 드리는 제자의 기원을 받아주십시오.
자비롭고 위대하신 부처님!
저희 부모님은 이미 연로하셨습니다.
가정을 위해, 자녀를 위해
수십 년 동안 희생해 오셨지만
어떠한 보답도 바라신 적이 없으십니다.
오늘 저의 효심을
부모님께 바치고자 합니다.

부처님의 증명과 가피를 간절히 바라옵니다.
원하건대 저의 생명과 저의 모든 것을
부모님께 바치겠사오니
그분들이 건강과 장수를 누리게 하시고
그분들이 환희와 자유를 누리게 해주십시오.
자비롭고 위대하신 부처님!
저는 부처님의 앞에 서서
부모님께 저의 마음을 고백하려 합니다.
너무나 사랑하는 부모님!
두 분의 피와 젖으로 저의 색신色身을 만들어 주시었고
두 분의 사랑으로 저를 보듬어서 키워 주셨습니다.
두 분의 고생은 저의 모든 것과 맞바꾼 것이고
두 분의 격려는 제 곁에서 늘 함께 하였습니다.
자비롭고 위대하신 부처님!
부모님의 은혜는
하늘보다 높고 땅보다도 깊습니다.
부처님께 기원드리오니
제 부모님을 가피해 주시어
늙고 병듦의 공포 멀리하고
재난의 불행 멀리하고
인사의 번뇌 멀리하고
모함을 받아 어려운 처지로 내몰리는 것을

멀리하게 해주시옵소서.

위대하신 부처님께 더욱 간절히 기원하오니

부처님의 자비로운 가피 입어

인간세상 위해 힘써 이바지하고

대중 위해 성실히 봉사하게 해주시옵소서.

이와 같은 저의 정성을

저의 부모님께 회향하오니

삼보의 가피 받아 선한 친구 가까이 하기를

불법에 깊이 들어 뭇사람들 사랑 듬뿍 받기를

업장 모두 소멸되어 몸과 마음 늘 즐겁기를

복과 지혜 늘어나 편안하고 건강하기를 바랍니다.

부처님이시여!

다시 한 번 제가 저의 부모님을 축복하도록 해주시옵소서.

부처님의 따사로운 광명을 가피 받아

다함없는 영원한 생명과 복락 누리게 해주시옵소서.

자비롭고 위대하신 부처님!

저의 정성 어린 기원을 받아 주시옵소서.

자비롭고 위대하신 부처님!

저의 정성 어린 기원을 받아 주시옵소서.

탄생의 기쁨

불광기원문 003

남편을 위한 기원문

자비롭고 위대하신 부처님!
제자가 지금 부처님께 올리는
하소연 받아주시옵소서.
여인의 몸으로 태어나
한 남자와 새로운 가정을 꾸리고
아들 딸 낳아 기르는 동안 받은
온갖 고초와 설움 말로 다할 수가 없습니다.
특히 남편에 대한 걱정을 하지 않는 날이 없습니다.
저는 오늘 지극히 정성스런 마음으로 부처님께 기원하옵니다.
남편이 오로지 재물 얻기 위해 동분서주하지 않고,

도덕적 수양도 조금은 쌓길 바랍니다.
남편이 처세 능한 것에만 의지하지 않고
자비롭고 후덕하게 타인 대하길 바랍니다.
남편이 사업에만 필사적으로 매달리지 않고
몸과 마음의 건강 챙기길 바랍니다.
남편이 밖에서 접대에만 신경 쓰지 않고
가정의 화목함도 중시하길 바랍니다.
남편이 아내와 아이를 사랑하고 보호할 뿐만 아니라
타인의 부모와 가족도 사랑하고 보호하며
모든 인류와 중생까지도 사랑하고 보호하길 기원합니다.
남편이 자신의 일에 열심히 임할 뿐만 아니라
아내와 아이들을 위해 시간을 할애하고
가족들과 즐거운 생활을 충분히 누리게 해주시옵소서.
일이 힘들고 고될 때
아내와 아이는 당신에게 숭고한 존경심을 보내고 있음을
이리저리 분주할 때
아내와 아이는 당신에게 정성 어린 축복을 바치고 있음을
좌절에 당면하였을 때
아내와 아이는 당신을 위대한 영웅으로 보고 있음을
세찬 비바람으로 미처 귀가하지 못했을 때
아내와 아이는 집에서 당신이 돌아오길 학수고대하고 있음을
남편 된 모든 이가 알게 되길 바랍니다.

불광기원문

자비롭고 위대하신 부처님!
바라옵건대 저의 남편이
권세와 명리에 집착하지 않고
평범한 삶이 위대한 것임을
바랄 것 없는 삶이 숭고한 것임을 알게 해주시옵소서.
부패와 음탕함에 탐욕하지 않고
조강지처야말로 평생의 반려자이며
평안이야말로 행복임을 알게 해주시옵소서.
저의 남편에게 복과 장수와 건강을 내려주시고
저의 남편이 평안하고 길상하게 해주시옵소서.
자비롭고 위대하신 부처님!
저의 정성 어린 기원을 받아주옵소서.
저의 정성 어린 기원을 받아주옵소서.

탄생의 기쁨

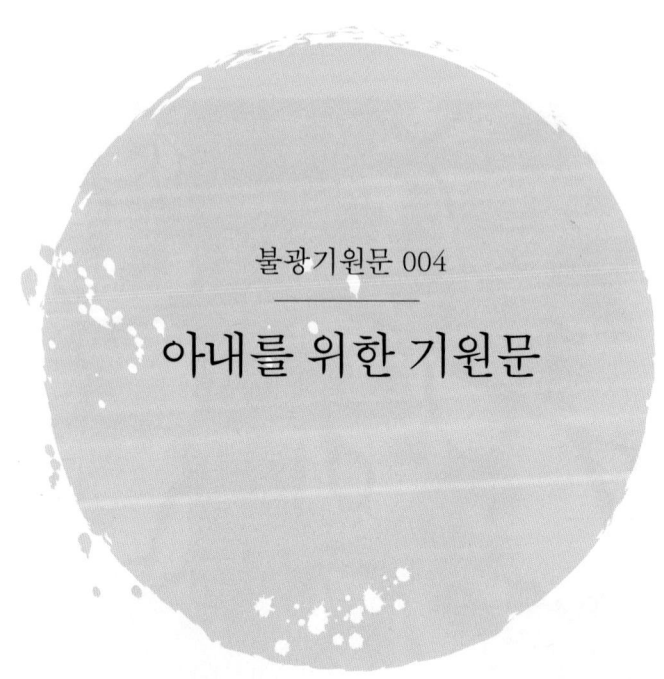

불광기원문 004

아내를 위한 기원문

자비롭고 위대하신 부처님!
저는 이미 한 가정을 이룬 사람입니다.
저는 아이들을 낳고 양육하는 제 아내의 고생을 알고 있습니다.
저는 빨래와 집안을 청소하는 제 아내의 노고를 알고 있습니다.
저의 아내는 세상에 보기 드문 현명하고 지혜로운 여자입니다.
아내는 저의 기쁨과 취미를 위해
자신의 흥미와 포부를 포기하였습니다.
아내는 저의 욕구와 이상을 위해
자신의 소유와 집착을 버렸습니다.
집에 돌아올 때마다 아내는 늘 따뜻한 말로 저를 위로하고

집에 돌아올 때마다 아내는 늘 맛있는 음식으로 저를 배부르게 하며
집에 돌아올 때마다 아내는 늘 관심과 보살핌으로 저를 대하고
집에 돌아올 때마다 아내는 늘 충고와 격려를 아끼지 않습니다.
아내는 저의 체면을 배려하여
자신의 먹고 입고 싶은 것보다 저의 것을 더 사주었습니다.
아내는 저의 건강을 증진코자
오랜 세월 저를 위해 알뜰살뜰 보살펴 왔사옵니다.
아내는 우리의 가족을 다독이기 위해
아름다운 말로 수많은 설움을 참아냈습니다.
아내는 저의 사업이 성공할 수 있게
언제나 저와 함께 고뇌하였습니다.
자비롭고 위대하신 부처님!
한 가정에서
안주인은 중요한 역할을 담당합니다.
한 남편에게
현숙한 아내는 없어서는 안 될 역할입니다.
아이들에게
자애로운 어머니는 그들의 역량이 됩니다.
한 남자에게
가정은 그의 생활의 중심이 됩니다.
'가정'이라는 작은 세상에서
아내는 매우 중요한 역할을 담당합니다.

아내의 미소는 온 가족에게 태양이고
아내의 음성은 온 가족에게 음악이고
아내의 사랑스런 말은 온 가족에게 따스한 바람이고
아내의 조력은 온 가족이 의지하는 바입니다.
자비롭고 위대하신 부처님!
제가 만일 아내의 곁에 함께 있어주지 못하더라도
아내가 저의 고충 너그러이 봐주길 바랍니다.
가계를 꾸려나가는 데 저의 봉급이 부족하더라도
아내가 부족한 제 능력 이해해 주길 바랍니다.
자비롭고 위대하신 부처님!
저의 아내를 가피해 주시어
이 가정이 아내의 작은 우주 되게 하시고
이 가정이 아내의 좋은 반려자 되게 해주시옵소서.
자비롭고 위대하신 부처님!
지극한 정성으로 드리는 저의 기원을 받아주시옵소서.
지극한 정성으로 드리는 저의 기원을 받아주시옵소서.

탄생의 기쁨

불광기원문 005

임신부를 위한 기원문

자비롭고 위대하신 부처님!
제자는 축복의 마음을 담아 당신께 기원하옵니다.
곧 어머니가 될 임신부들이
부처님의 가피 입기를 기원하옵니다.
곧 어머니가 될 임신부들은
일희일비하는 민감한 심리상태이고
딸인지 아들인지 신경을 많이 쓰기 때문입니다.
그들에게 두려움 없는 용기 베풀어 주시기 바라옵니다.
그들에게 두려움 없는 믿음 내려 주시기 바라옵니다.
곧 어머니가 될 사람인 임신부는

열 달 동안 뱃속에 품고 온갖 고통과 어려움 참고 견디었습니다.
불편한 몸과 마음으로 수많은 나날을 참아냈습니다.
그들은 자신의 정춘을 마셔
새로운 생명을 만들어냈고
그들은 자신의 피와 땀을 바쳐
새로운 생명에 쏟아 부었습니다.
더 나아가 그들은
자신의 용모를 가꾸는 것도 잊어버리고
새로운 생명이 태어나기만 고대하고 있습니다.
자비롭고 위대하신 부처님!
곧 인간 세상에 나올 신생아들은
자상한 어머니의 태교가 필요합니다.
그러므로 저는 부처님께 기원하옵니다.
출산을 기다리는 어머니들에게
자상하고 부드러운 기질 주시고
온화하고 차분한 성격 주시고
밝은 이치에 통달하는 미덕 주시고
자유롭고 평온한 심성 내려주시옵소서.
위대하신 부처님이시여!
그들의 신체적 고통 덜어 주시고
그들의 정신적 스트레스 없애 주시고
그들이 가족의 따뜻한 보살핌 받게 하시고

탄생의 기쁨

그들이 평안하게 출산토록 해주시옵소서.
자비롭고 위대하신 부처님!
임신부가 듬직하고 선량한 아들 출산하게 해주시고
임신부가 예쁘고 단정한 딸 출산하게 해주시옵소서.
그들의 신생아 모두
태산처럼 높은 어머니의 은혜 느끼게 해주시고,
봄날의 햇빛과 같은 어머니의 현덕 깨닫게 해주시옵소서.
부처님께서 이 아이들에게 가피 내리시어
장차 어머니의 신앙 계승하고
장차 가족의 등불 이어나가길
더욱 간절히 기원하옵니다.
자비롭고 위대하신 부처님!
세상의 모든 임신부에게 복을 주시어
출산에 임박해서는 아프지 않고 괴롭지 않고
출산할 때는 두려움 모두 사라지게 해주시길 기원드립니다.
신생아가 평안히 인간 세상에 나오게 해주시고
갓난아기들이 즐겁게 세상과 만나도록 해주시옵소서.
자비롭고 위대하신 부처님!
저의 정성 어린 기원 받아주시옵소서!
저의 정성 어린 기원 받아주시옵소서!

탄생의 기쁨

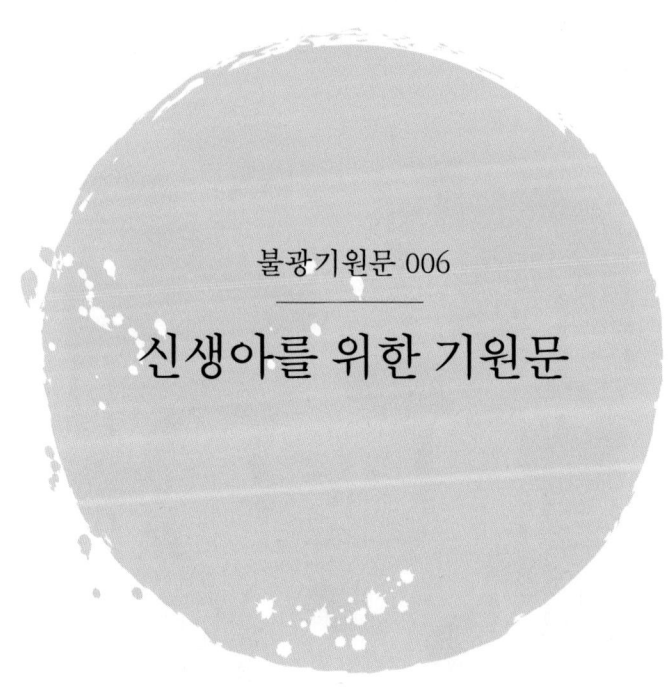

불광기원문 006
신생아를 위한 기원문

자비롭고 위대하신 부처님!
저는 지극한 정성으로 말씀드리옵니다.
하나의 새 생명이 탄생하였습니다.
저의 아이 ○○○가 인간 세상에 나왔으니
부처님의 가피를 받아
아이가 무탈하고 심신이 건강하게 해주시옵소서.
아이가 밝고 활기차며 평안히 성장하게 해주시옵소서.
아이가 총명하고 지혜로워 배움에 막힘없게 해주시옵소서.
아이가 복덕 두루 갖춰
뭇사람들의 예쁨 두루 받게 해주시옵소서.

자비롭고 위대하신 부처님!
아이에게 행복의 열매를 얻게 하시되
약간의 좌절과 시련도 함께 맛보게 해주시옵소서.
아이에게 빛나는 칭찬을 하시되
약간의 시험과 책임도 견뎌내게 해주시옵소서.
타인의 노력에 감사할 줄 아는 아이가 되고
자신을 반성하고 참회하는 아이가 되고
타인의 공헌에 보답하는 미덕을 지닌 아이가 되고
올바른 지식과 견해의 신앙을 지닌 아이가 되게 해주시옵소서.
자비롭고 위대하신 부처님!
장차 아이가 가정에서는
효성스러운 자녀 되길 기원합니다.
장차 아이가 학교에서는
스승을 존중하는 학생 되길 기원합니다.
장차 아이가 직장에서는
근면하고 겸양하는 군자 되길 기원합니다.
장차 아이가 불교에서는
삼보를 지켜나가는 불자 되길 기원합니다.
자비롭고 위대하신 부처님!
원하옵건대 부처님의 가피를 받아
아이가 좌절과 실패 겪을 때에는
믿음과 용기를 주어

상심하고 탄식하지 않게 해주시고
아이가 곤란한 상황에 처했을 때에는
지혜와 힘을 주어
슬퍼하거나 실망하지 않게 해주시옵소서.
부처님이시여! 자비롭고 위대하신 부처님!
이 작은 마음이
삼천대천세계에 두루 미치길 기원합니다.
이 작은 기원이
무량겁 미래까지 도달하길 기원합니다.
이 어리고 작은 생명이!
제발 천진한 본성 잃지 않게 해주시고
이 어리고 작은 생명이!
제발 선량하고 아름다움 마음을 잃지 않게 해주시옵소서.
자비롭고 위대하신 부처님!
제자의 진심 어린 기원을
귀기울여 받아주시옵소서.
귀기울여 받아주시옵소서.

탄생의 기쁨

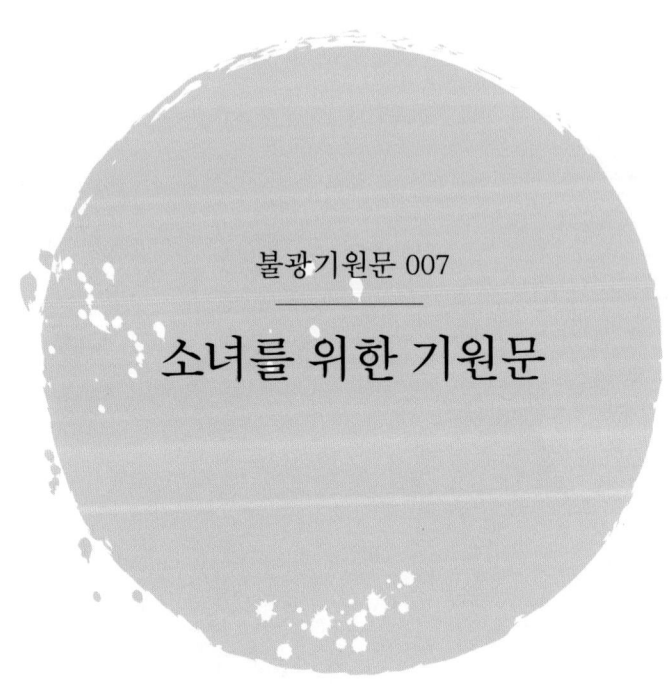

불광기원문 007

소녀를 위한 기원문

자비롭고 위대하신 부처님!
여자의 일생 중 가장 귀하고 소중한 시기가 바로 소녀시절입니다.
티 없이 맑고 순수하여
누군가는 막 피어난 꽃봉오리에 비유하기도 합니다.
아직 여리고 풋풋하여
누군가는 덜 익은 풋사과라 묘사하기도 합니다.
이런 연유로
그들은 또한 사악함에 유혹 당하기도 쉽고
그들은 또한 환경에 쉽게 영향을 받습니다.
부처님이시여, 보십시오!

어느 소녀는 신중하게 친구를 사귀지 못해 괴롭힘을 당하고
어느 소녀는 달콤한 감언이설에 속아 꾐을 당하고
어느 소녀는 세상 경험 적어 불행에 빠지고
어느 소녀는 허영을 좇다 잘못된 길로 들어섭니다.
바라옵건대 부처님께서 세상 모든 소녀를 지켜주시어
그들의 심신이 학대 당하지 않고 안전하게 해주시고
그들의 순결과 열정 오래도록 지켜지게 해주시옵소서.
부처님이시여!
아무리 작은 꽃봉오리도 꽃망울 터뜨려 꽃을 피우면
그 향기가 퍼져나가 사람들에게 기쁨을 줍니다.
더구나 한창 피어나는 소녀는
풍부한 꿈을 간직하고 있고
영민한 생각을 지니고 있습니다.
국내외적으로 역사상 위대한 여성들이 수없이 많습니다.
노벨상을 받은 퀴리 부인은 물리학의 선구자입니다.
간호의 어머니인 나이팅게일은
관세음보살처럼 성스럽고 순결합니다.
역사서 편찬을 이어받아 완성한 반소班昭,
아버지 대신 종군한 화목란花木蘭 등도 있습니다.
그들은 소녀시절에 확고하고도 원대한 포부를 가졌기에
일생에 빛나는 불후한 업적을 이룩하였습니다.
불교의 역사 속에서도

탄생의 기쁨

불광기원문

커다란 서원과 실천을 행한 소녀 또한 적지 않습니다.
자동 소녀*는 중생을 대신해 괴로움을 받겠다 발원하였고
광목 소녀*는 억겁 동안 중생을 제도하겠다 발원하였고
월상 동녀*는 설법을 통해 중생을 제도하였고
은색 동녀*는 기근에 빠진 중생을 구제했습니다.
그들의 자비의 정신과 온화한 미덕은
모든 소녀들의 아름다운 모델입니다.
자비롭고 위대하신 부처님!
바라옵건대 세상의 모든 소녀들에게 가피 내리시어
그들의 새싹이 돋아나는 지금
풍부한 지식과 수양 다지게 해주시고
자신의 특기와 취미를 배양하게 해주시옵소서.
그들이 모두 우담바라 꽃을 피운 것처럼
덕의 향기가 멀리 퍼지게 해주시옵소서.
그들이 모두 견실하게 하여
유정한 중생 이롭게 하도록 해주시옵소서.
자비롭고 위대하신 부처님!
지극한 정성으로 드리는 저의 기원 받아주시옵소서.
지극한 정성으로 드리는 저의 기원 받아주시옵소서.

---

* **자동慈童 소녀**: 파라나국 장자의 딸로 '일체중생이 받아야 할 괴로움을 자신이 다 받겠다.'고 발원했다.

* **광목光目 소녀**: '일체중생을 구제하여 불도를 성취시키겠다.'고 발원하고, '이로써 어머니를 악도에서 벗어나게 하겠다.'고 서원했다.
* **월상月上 동녀**: 바이샬리성 장자의 딸로 문수보살 및 사리불 존자와 법의法義를 상세히 논하였다.
* **은색銀色 동녀**: 연화왕도에 살던 소녀로, 굶주린 임산부의 요청으로 가슴을 잘라 보시하였다.

탄생의 기쁨

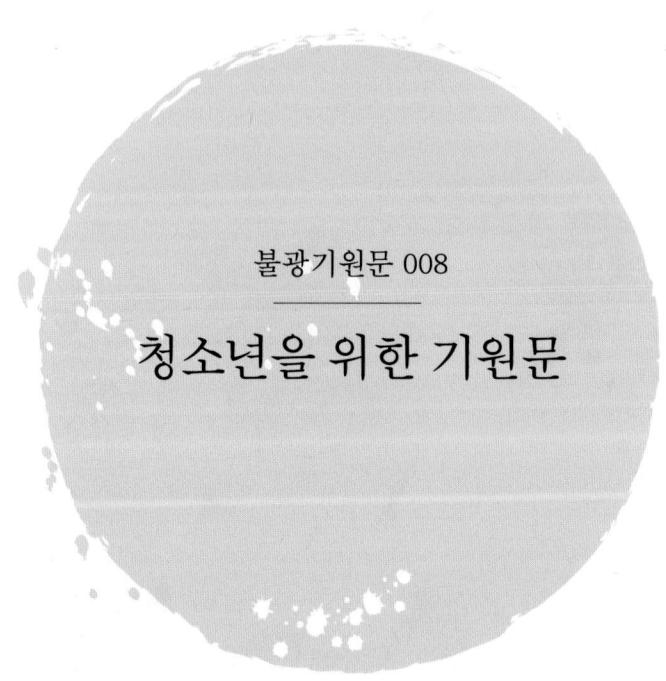

불광기원문 008

청소년을 위한 기원문

자비롭고 위대하신 부처님!
현재 우리 사회가 얼마나 혼란한지를
현재 우리 인심이 얼마나 흉흉한지를
부처님께서는 아시는지요?
일부 아이들은 장난치며 놀 줄만 알지
열심히 공부할 줄 모릅니다.
일부 청년들은 멋대로 즐길 줄만 알지
충효와 인애仁愛를 모릅니다.
밖에서 방황하는 일부 아이들은
자포자기의 심정으로 자신을 망치고

원망 가득한 마음으로 자신을 짓밟고 있습니다.
그들은 왜곡된 인생관으로
다른 사람을 위한 배려를 하지 않습니다.
그들은 잘못된 가치관으로
사회에 심각한 해악을 가져옵니다.
자비롭고 위대하신 부처님!
소년은 장차 국가의 주인이고
청년은 나라의 동량입니다.
그들의 행동이 국가의 흥망성쇠에 영향을 미치고
그들의 도덕적 품성이 나라의 안정에 영향을 미칩니다.
자비롭고 위대하신 부처님!
부처님께 간절히 바라옵니다.
그들이 하루빨리 추하고 나쁜 습관을 버리고
건전한 인격을 완성하게 해주시옵소서.
그들이 하루빨리 어리석고 헛된 꿈에서 깨어나
생명의 참 의미 탐구하게 해주시옵소서.
그들이 하루빨리 밖에서 찾으려는 마음을 돌려
마음속 보물덩어리 찾게 해주시옵소서.
그들이 하루빨리 자신의 참된 본성 인식하고
다함없는 희열 누리도록 해주시옵소서.
자비롭고 위대하신 부처님!
방황하는 청소년이 하루 속히 마음 바로잡게 하시고

타락한 청소년이 하루 속히 마음 되돌리게 하시고
어리석은 청소년이 하루 속히 성격 바꾸게 하시고
편향적인 청소년이 하루 속히 선을 따르게 해주시옵소서.
실 한 올 한 올 손에 넣기 쉽지 않고
죽 한 그릇 밥 한 사발 내게 오기 쉽지 않음을
그들이 깨닫게 되기를 간절히 바라옵니다.
부처님의 가피를 입어
그들이 은혜에 감사하는 마음 일어나기를
그들이 부끄러워하는 미덕 길러내기를
간절히 바라고 또 바라옵니다.
자비롭고 위대하신 부처님!
지극한 정성으로 올리는 저의 기원 받아주시옵소서.
지극한 정성으로 올리는 저의 기원 받아주시옵소서.

탄생의 기쁨

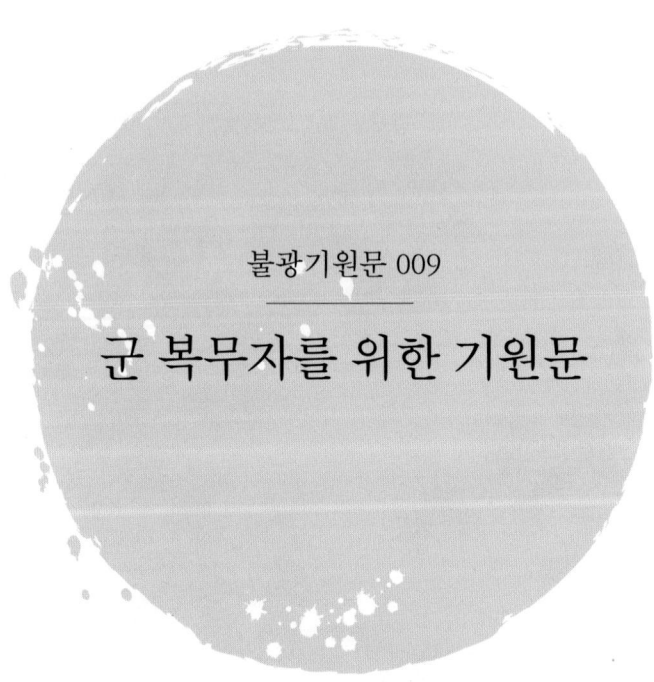

불광기원문 009
군 복무자를 위한 기원문

자비롭고 위대하신 부처님!
저는 기쁘고도 근심어린 심정으로 말씀 올립니다.
저의 아들 ○○○이
곧(이미) 병역의 의무를 지게 되었습니다.
가족으로서
저는 한편으로는 기쁘면서도 또 한편으로 걱정이 앞섭니다.
곧 소년의 모습을 벗고 성인 되어
온갖 시험에 들어서게 되는 것이 기쁘기도 하지만
제가 곁에서 돌봐주고 챙겨줄 수도 없는데
앞으로의 생활에 잘 적응할 수 있을지도 걱정이 됩니다.

자비롭고 위대하신 부처님!
병영은 씩씩한 건아를 길러내는 요람이고
군대는 사내대장부로 탈바꿈시키는 용광로임을
저는 잘 알고 있습니다.
군복무 하는 이 기간 동안
부처님께서 지켜주시어
아들이 위험하고 어려운 시험 부딪힐 때
고생을 두려워 않고 이를 기꺼이 받아들여
이길 수 있는 힘을 배우게 해주시고
그가 상급자의 가르침 받을 때
겸손하면서도 겸허히 받아들일 수 있게 해주시고
그가 전우들과 어울릴 때
타인의 장점 취하고 단점 포용할 수 있게 해주시고
그가 소박하며 간단한 음식 먹는 가운데
검소함을 중시하는 미덕 기르게 해주시고
그가 군율을 엄격히 지키는 가운데
신심을 굳건히 하고 기품 중시하게 해주시고
그가 총알이 빗발치는 가운데
자비로움을 간직하고 국가와 국민 수호할 수 있게 해주시옵소서.
자비롭고 위대하신 부처님!
저는 오늘 당신 앞에 엎드려 기원드리옵니다.
여리고 앳된 저의 아들에게

탄생의 기쁨

53

불광기원문

부처님 가피를 자양분 삼아
이 어린 싹이 병역이라는 세계를 통해
무성한 잎의 거목으로 자라
그 그늘에서 국민을 편히 쉴 수 있게 해주시옵소서.
온갖 어려움을 항복시킬 힘 내려주시어
이 청년이 갖은 풍상과 시련을 견디어내고
삿되고 악한 것을 뿌리 뽑는 용사 되어
자신과 남을 두루 이롭게 하도록 해주시옵소서.
자비롭고 위대하신 부처님!
지극한 정성으로 올리는 저의 기원 받아주시옵소서.
지극한 정성으로 올리는 저의 기원 받아주시옵소서.

탄생의 기쁨

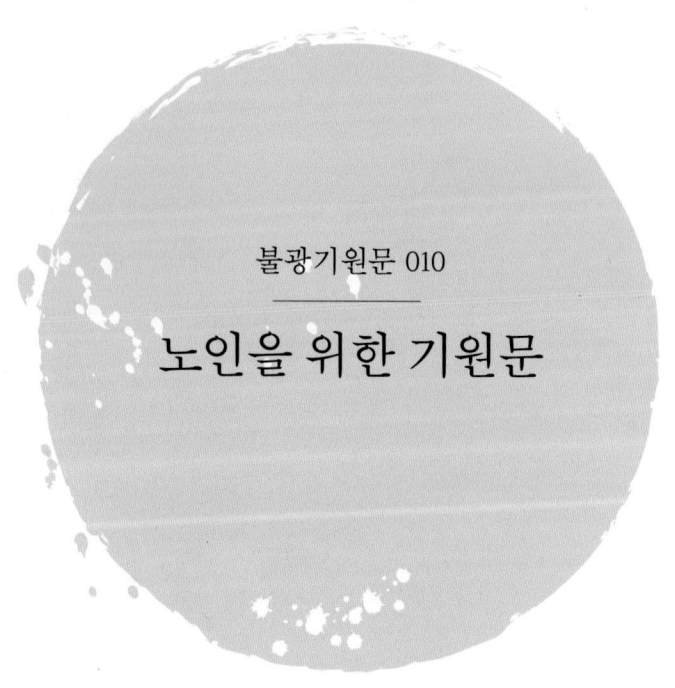

불광기원문 010

노인을 위한 기원문

자비롭고 위대하신 부처님!
감사하게도 부처님께서 인간세상에 나투시어
저희에게 분명하게 말씀하셨습니다.
"태어남의 괴로움 있으면 반드시 늙음의 괴로움 있을 것이고,
늙음의 괴로움 있으면 반드시 질병의 괴로움 있을 것이다."
늙고 병드는 것은 너무도 힘들고 괴롭고 고통스럽습니다.
자비롭고 위대하신 부처님!
우리의 마음에는 번뇌라는 질병이 수없이 많습니다.
우리의 신체에는 장애라는 불안이 수없이 많습니다.
다행스럽게도 위대한 의왕醫王이신 부처님께서는

저희에게 정신적 격려를 해주시고
저희에게 심리적 위로를 해주시고
저희에게 영구한 생명이란 가르침을 주시고
저희에게 법신불성이란 희망을 주셨습니다.
생명이란 본디 자연스럽게 순환하는 것인데
늙고 병들고 죽고 태어나는 것을 두려워하지 않아도 됨을
저는 이제 알게 되었습니다.
부처님께서는 노인들의 바람이 무언지 아시는지요?
노인들의 가장 큰 희망은 가족 다 같이 한자리에 모이는 것이고
가장 큰 기쁨은 손자를 품에 안고 즐거워하는 것입니다.
노인들의 가장 큰 소망은 몸에 질병의 괴로움 없는 것이고
가장 큰 기쁨은 자유로운 것입니다.
자비롭고 위대하신 부처님!
이제부터 갈 곳 없이 떠도는 슬픔 없도록 해주시옵소서.
이제부터 병상에서 고통 받는 불행이 없도록 해주시옵소서.
이제부터 자녀의 불효로 원망과 탄식하지 않도록 해주시옵소서.
이제부터 생로병사의 근심과 두려움 없도록 해주시옵소서.
노인들을 지켜주시어
아침에는 일어나 향 한 대 사루고
저녁에는 잠자기 전 십념법十念法을 외우고
식사 후에는 천 걸음을 걷고
식사 전에는 오관을 생각하는

좋은 습관을 기르게 해주시옵소서.
노인들이 마음은 물론 몸도 괴롭지 않게 해주시고
노인들이 의미 있고 뜻있게 보내도록 해주시옵소서.
인생의 의미가 이 색신이 오래 지속되는 데 있지 않고
공덕과 혜명의 무한함에 있다는 것을
노인들이 알게 해주시옵소서.
세간의 만상이 생기고 머물고 변화하고 소멸하듯이
생명 역시 천상계와 인간계에 오고감이 정해져 있지 않음을
노인들이 깨닫게 해주시옵소서.
그러나 참된 마음인 불성 영원히 변하지 않사오니
자비롭고 위대하신 부처님이시여!
온 세상의 노인 가엾게 여기셔서
그들이 정신적 위안을 얻고
그들이 생활 속에서 보살핌을 받게 해주십시오.
모든 노인이 평안하고 즐거운 만년 누리도록 해주시옵소서.
모든 노인이 마음을 열고
모든 걸 내려놓은 인생 맞이하길 바라옵니다.
부처님이시여! 바라고 또 간절히 바라옵니다.
노인들의 소망 이루어 주옵소서.
노인들의 소망 이루어 주옵소서.

탄생의 기쁨

불광기원문

我願·歡喜

즐거움의 성취

원하옵건대, 제 자신의 행복을 기원합니다.

매일매일 환희가 샘솟고
매일매일 즐겁게 인연 맺고
매일매일 자비로 기쁘게 베풀고
매일매일 너그러이 타인을 대합니다

불광기원문 011

새벽에 드리는 기원문

자비롭고 위대하신 부처님!
오늘 또 새로운 하루가 시작되려고 합니다!
하루의 계획은 새벽에 달려 있다고 합니다.
이처럼 아름다운 새벽,
저는 지난 일들을 고요히 되돌아봅니다.
저는 비록 설움 받은 적 있지만
세간의 일체 인연에 의해 생기고 소멸됨을 압니다.
저는 비록 눈물 흘린 적 있지만
삶에는 더욱 아름다운 내일이 있음을 믿습니다.
오늘,

부처님의 자비로운 가피 아래
저에게 오늘의 모든 도전 마주할
용기를 주십사 기원드립니다.
저에게 오늘의 모든 좌절 받아들일 수 있는
인내를 주십사 기원드립니다.
저에게 오늘의 모든 일 감당할 수 있는
역량을 주십사 기원드립니다.
저에게 오늘의 모든 인연 감사할 수 있는
지혜를 주십사 기원드립니다.
자비롭고 위대하신 부처님!
제가 지혜를 계발하도록 도와주시고
제가 마음의 눈을 뜨게 도와주시옵소서.
매일 환희가 샘솟고
매일 즐겁게 인연 맺고
매일 자비로 기쁘게 베풀고
매일 너그러이 타인을 대하는
마음의 부자가 되도록 도와주시옵소서.
자비롭고 위대하신 부처님!
제가 한 생명의 용사가 되어
맑고 깨끗한 생각을 하고
항상 봉사와 헌신을 하고
모든 악한 행위 짓지 않고

불광기원문

모든 선한 행위 봉행하게 해주시옵소서.
자비롭고 위대하신 부처님!
저는 당신이 제 마음에 살아 있음을 느낍니다.
저는 환희 얻고자 인간 세상에 왔음을 압니다.
저는 공헌을 하고자 사회에 나왔음을 압니다.
저는 원만을 이루고자 불도를 닦는 것임을 압니다.
지금부터 저는
매일 유정중생 이롭게 하고 즐겁게 하며
나와 타인 깨우쳐 인도하고
나와 타인 제도해 인도할 것을 발원하옵니다.
자비롭고 위대하신 부처님!
이른 새벽에 부처님께 올리는
저의 진심 어린 기원을 받아주시기 바라옵니다.

즐거움의 성취

불광기원문 012

잠들기 전 기원문

자비롭고 위대하신 부처님!
해가 이미 저물었으니
오늘 하루도 이미 지나갔습니다.
저는 시간이라는 레일 위에서 움직임 멈출 방법 없어
부처님께 기도하며 간절히 바라옵니다.
제가 무상함의 참된 진리 깨닫게 해주시옵소서.
해와 달이 뜨고 지는 그 발걸음 쫓아갈 힘이 없어
부처님께 기도하며 간절히 바라옵니다.
제가 생명의 가치 분명히 알 수 있게 해주시옵소서.
지나가버린 이 하루 동안

저는 끊임없는 망상, 어리석음에 빠져 있고
저는 끊임없는 번뇌, 충동에 빠져 있었습니다.
그러나 저는 부처님의 자비와 위덕을 우러러보고
부처님 지혜와 가르침에 의지하여
모두 무사히 넘겼습니다.
저는 지금부터
도로와 다리처럼
사람들과 좋은 인연 이어나가겠습니다.
샘물과 단비처럼
유정의 괴로움과 피로 없애겠습니다.
울창한 숲속처럼
중생의 시원하고 자유로움 보호하겠습니다.
해와 달과 별처럼
길을 잃고 헤매는 일체의 중생 비춰주겠습니다.
위대하신 부처님이시여! 간절히 바라옵니다.
제가 평등한 마음 지니어
저를 해친 원수들 용서하게 해주시옵소서.
제가 감사하는 마음 지니어
저를 도와준 친구에게 보답하게 해주시옵소서.
제가 반야지혜의 마음 지니어
스스로의 결점 들여다보게 해주시옵소서.
제가 정진의 마음 지니어

불광기원문

부처님의 자비로운 가르침 봉행하게 해주시옵소서.

자비롭고 위대하신 부처님!

제가 원한의 칼 버리고

청량한 부처님의 가르침 듣는 기쁨 누리게 해주시어 감사합니다.

제가 집착의 자물쇠 끊고

신심의 자유와 해탈 스스로에게 주도록 해주시어 감사합니다.

자비롭고 위대하신 부처님!

하루가 또 지나갔으니

수명도 그만큼 줄어들 것입니다.

지금 이후로 제가

모든 두려움 여의고, 모든 왜곡됨 여의며

모든 근심 여의고, 모든 악몽 여의게 해주시길 바라며

부처님의 가피를 기원하옵니다.

자비롭고 위대하신 부처님!

오늘밤 제자의 기원 들어주옵소서.

자비롭고 위대하신 부처님!

오늘밤 제자의 기원 들어주옵소서.

즐거움의 성취

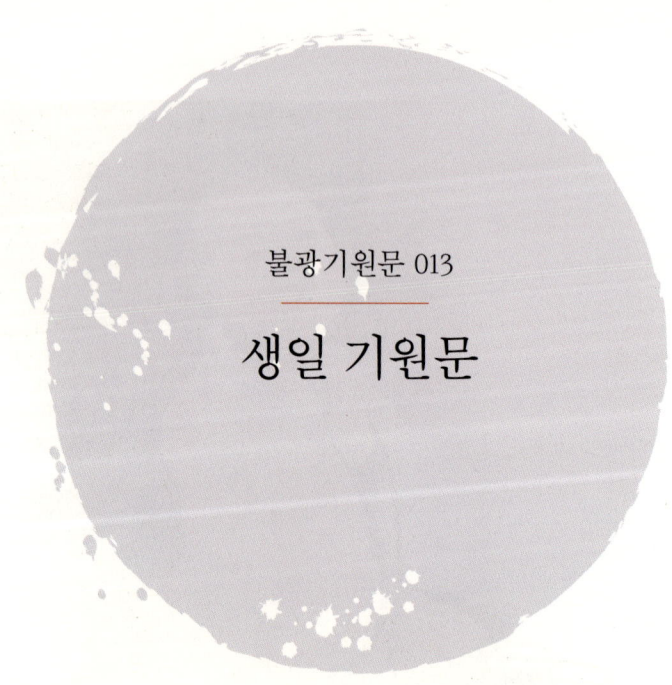

불광기원문 013

생일 기원문

자비롭고 위대하신 부처님!

오늘은

제자의 생일이자 제 어머니의 모난일母難日*입니다.

저는 이제

저를 낳고 길러주신 부모님 은혜에 감사드리고자 합니다.

가르치고 이끌어주신 스승님 은혜에 감사드리고자 합니다.

보호해 준 국가의 커다란 은혜에 감사드리고자 합니다.

그리고 또한 부처님 은혜에 더 깊이 감사드리옵니다.

불법의 참된 진리의 길 제게 내려주시고

법신혜명이라는 신앙 제가 이어가게 해주셨고

입세간에서 무위라는 용기 제게 보태주셨고
신심의 번뇌라는 족쇄 벗어던지게 해주셨습니다.
제가 인생의 길 위에서
항상 비할 바 없는 힘 얻게 해주시고
제가 생명의 여정에서
항상 선하고 아름다운 인연 얻게 해주시옵소서.
한없이 공경하고 사랑하는 부처님이시여!
부처님께 말씀드립니다만
제 인생의 길은 결코 기쁘지도 순조롭지도 않았습니다.
제 생명의 여정은 결코 편안하지도 자유롭지도 않았습니다.
인정과 금전, 있거나 없거나 늘 걱정이었고
명예와 영광, 버리기 아쉬워 늘 집착하였고
사업과 직장, 근면과 노력이 늘 모자랐고
처신과 일처리, 살뜰하고 세심함이 늘 부족했습니다.
자비롭고 위대하신 부처님!
오늘 제 어머니의 모난일을 맞아
지극한 정성으로 부처님께 말씀올립니다.
당신의 무량수, 무량광의 가피 아래
이 순간 이후로
사회가 부강하고 즐거우며
화목하고 평등하길 기원하옵니다.
이 순간 이후로

불광기원문

불교가 융성하고 발전하며
모든 중생 제도받길 기원하옵니다.
이 순간 이후로
대중의 신심이 건강하고
항상 불법을 따라 배우길 기원하옵니다.
이 순간 이후로
제가 용맹하게 정진하고
온몸 바쳐 뜻을 지키길 기원하옵니다.
더 나아가 제가 자비를 구족하여
제가 만일 중생을 향하면
중생이 함께 기뻐하고
제가 만일 일체를 향하면
일체가 원만하게 해주시옵소서.
자비롭고 위대하신 부처님!
지극한 정성으로 드리는 저의 기원 받아주시옵소서.
자비롭고 위대하신 부처님!
지극한 정성으로 드리는 저의 기원 받아주시옵소서.

---

* 불교에서 생일을 이르는 말로, '어머니가 고난을 당하는 날'이라는 뜻이다.

즐거움의 성취

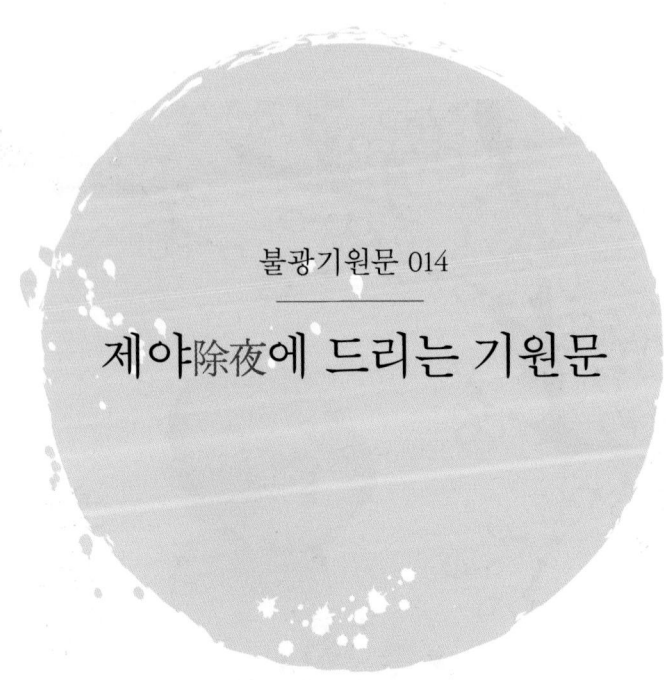

불광기원문 014

제야除夜에 드리는 기원문

자비롭고 위대하신 부처님!
어느덧 한 해가 저물어 가고 있습니다.
우리의 인생 역시 또 한 해가 지났습니다.
이 한 해 동안
저는 생활 속에서
달콤함과 매서움 수없이 맛보았습니다.
저는 불행 속에서
인정의 냉혹하고 따뜻함 수없이 보았습니다.
자비롭고 위대하신 부처님!
다행스럽게도 부처님 가호에 기대어

현실과 마주할 용기가 생겨났고
다행스럽게도 부처님의 가르침을 받아
실망하지 말라고 스스로를 일깨우곤 했습니다.
자비롭고 위대하신 부처님!
저는 가끔 깊은 고뇌에 빠집니다.
인생에는 왜 이토록 많은 고난이 있는 걸까요?
부처님이시여! 이 한 해 동안
저는 매일 집착과 번뇌에 시달리며
벗어날 수가 없었습니다.
저는 매일 무명 업장의 바다에 빠져
헤어 나올 수 없었습니다.
스승과 선배의 가르침 있었지만
들으면 이해한 듯하다가 그 상황 마주치면 방향을 잃고 헤맵니다.
훌륭한 친구들이 보살피고 이끌어주었지만
충언은 항상 귀에 거슬리듯 좋은 기회를 늘 놓치곤 했습니다.
부처님이시여! 그래서 이 순간 이후
저는 진리로 어리석음이라는 악습관 막고
저는 온유함으로 성냄이라는 불길 잠재우고
저는 기쁜 보시로 탐욕이라는 홍수 치유하고
저는 겸허함으로 교만이라는 높은 산을 허물 것입니다.
과거의 모든 악행은
부처님 가피 아래 모두 고쳐 나가길 희망하옵니다.

부처님의 위덕에 힘입어
저의 어리석음도 이 한 해와 함께 사라지게 해주시고
부처님의 위덕에 힘입어
저의 악습관도 세월 따라 흘러가 버리게 해주시고
부처님의 위덕에 힘입어
저의 선심 참회 가운데 싹 틔우게 해주시고
부처님의 위덕에 힘입어
저의 지혜가 부끄러움 가운데서 뿌리 내리게 해주시옵소서.
자비롭고 위대하신 부처님!
폭죽 소리 속 지난 세월 사라지고
집집마다 새로운 입춘대길 춘첩春帖 붙입니다.
일생이 죄업으로 얼룩진 제가
부처님 앞에 무릎 꿇고 정성 다해 발원하옵니다.
저를 새로 태어나게 해주시고
제가 다시 일어서도록 해주시옵소서.
자비롭고 위대하신 부처님!
저의 간절한 소망 들어주시길 바라옵니다.
자비롭고 위대하신 부처님!
저에게 아름다운 한 해 선사해 주옵소서.
저에게 아름다운 한 해 선사해 주옵소서.

즐거움의 성취

불광기원문 015

신춘 기원문

자비롭고 위대하신 부처님!
또 다시 봄바람이 불어오며
새로운 한 해가 드디어 인간 세상에 내려앉았습니다.
새로운 한 해가 시작되는 지금 이 시점
저는 과거의 것 하나하나 이미 지난 어제라 여길 것이며
저는 미래의 것 하나하나 새로 태어난 오늘로 삼을 것입니다.
저는 부처님께 저의 마음속 소망을 말씀드리고자 합니다.
새로운 한 해의 출발점에서
저의 소원 하나는 권속이 화목하고 가정이 원만한 것이오며
저의 소원 둘은 생활이 만족스럽고 세상에 선행을 베푸는 것이오며

저의 소원 셋은 정서를 바르게 하고 성격은 신중한 것이오며
저의 소원 넷은 나쁜 습성 없애고 수양을 더욱 쌓는 것이오며
저의 소원 다섯은 발심하여 일하고 자비로 타인을 대하는 것이오며
저의 소원 여섯은 사업 순조롭고 신심은 건강해지는 것이오며
저의 소원 일곱은 수행이 증진되고 지혜 더 풍부해지는 것이오며
저의 소원 여덟은 불교 융성하고 더 많은 중생 제도하는 것이오며
저의 소원 아홉은 사회가 안정되고 국민 두루 즐거운 것이오며
저의 소원 열은 세계가 평화롭고 세상 모두 행복한 것입니다.
자비롭고 위대하신 부처님! 저를 지켜주시어

제가 새로운 한 해 동안

저의 입으로 뱉는 모든 말이

자비롭고 선량하며, 격려하고 이끄는 좋은 말이게 해주시옵소서.

저의 몸으로 짓는 모든 일이

남을 기쁘게 하며, 대중을 유익케 하는 좋은 일이게 해주시옵소서.

저의 마음에 담은 모든 뜻이

타인을 축복하며, 타인에게 회향하는 좋은 마음이게 해주시옵소서.

제가 지은 모든 행위가

국가에 보탬이 되며, 세계를 아름답게 만드는 데 기여하게 해주시옵소서.

자비롭고 위대하신 부처님!

법을 펼침(弘法)은 저의 집안 원력이고

중생을 이롭게 함(利生)은 저의 사업입니다.

불교대학은 인재를 양성하오니

저는 옹호하고 지지할 것을 서원합니다.

경서는 세상사람 두루 이롭게 하니

저는 널리 전파시킬 것을 서원합니다.

사찰과 도량에서 펼치는 활동을

저는 참여하고 봉사할 것을 서원합니다.

두타행頭陀行을 닦아 지니니

저는 발심하여 정진할 것을 서원합니다.

자비롭고 위대하신 부처님!

제가 깨달음의 길 위에서 나태하지 않고 정진하며

영원히 원망이나 후회하지 않도록

제게 힘을 주시옵소서.

제가 불도를 배우면서 마장에 항복하지 않고

자신에게 이롭고 타인도 이익 되도록

제게 신심을 주시옵소서.

자비롭고 위대하신 부처님!

청컨대, 새해 새 기분으로

제가 모든 것을 다시 시작할 수 있게 해주시옵소서.

자비롭고 위대하신 부처님!

청컨대, 새해 새 기분으로

제가 모든 것을 다시 시작할 수 있도록 해주시옵소서.

즐거움의 성취

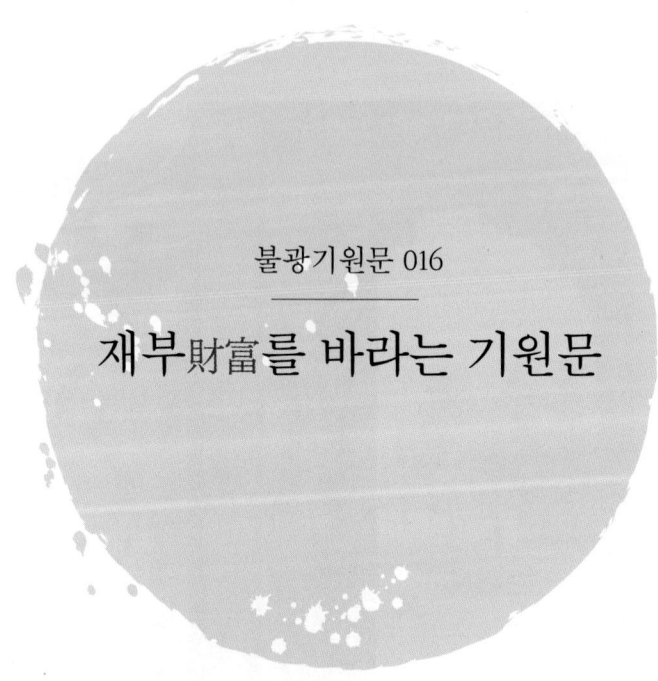

불광기원문 016
재부財富를 바라는 기원문

자비롭고 위대하신 부처님!
부처님의 가피 받아 제가 인간의 부를 얻게 해주옵소서.
모든 사회활동에 경제는 무척 중요한 까닭입니다.
만일 금전이나 재물이 없다면
생활해 나가기 매우 힘든 것이 사실입니다.
발심하여 자선활동 조금 하려 해도
재화가 좀 필요한 것도 사실입니다.
물질이 부족해서는 안 되는 인간세상이기에
만일 생활필수품이 없다면
제대로 된 생활을 해나갈 수 없습니다.

심지어 발심하여 불도를 닦고자 하여도
양식이 조금은 필요합니다.
자비롭고 위대하신 부처님!
저는 부처님께 일곱 가지 재부를 주십사 기원하옵니다.
첫 번째는 건강한 신체 주시길 기원하옵니다.
두 번째는 자비로운 마음씨 주시길 기원하옵니다.
세 번째는 지혜로운 두뇌 주시길 기원하옵니다.
네 번째는 근검의 미덕 주시길 기원하옵니다.
다섯 번째는 드넓은 마음 주시길 기원하옵니다.
여섯 번째는 내면적 지혜 주시길 기원하옵니다.
일곱 번째는 세간의 인연 주시길 기원하옵니다.
자비롭고 위대하신 부처님!
저는 좋은 지위를 사기 위해서가 아니라
널리 선연을 맺기 위해
재부 갖기를 원하옵니다.
저는 색신을 보양하기 위해서가 아니라
가족의 혜명을 기르는 데 쓰기 위해
재부 갖기를 원하옵니다.
자비롭고 위대하신 부처님!
저는 열정으로 선연이라는 재부 얻길 바라옵니다.
저는 근면으로 신망이라는 재부 얻길 바라옵니다.
저는 기쁜 보시로 우정이라는 재부 얻길 바라옵니다.

저는 정견으로 진리라는 재부 얻길 바라옵니다.
자비롭고 위대하신 부처님!
저는 이 재부를 가지고 부모에게 효도하여
어르신들이 편하게 사시도록 할 것입니다.
저는 이 재부를 가지고 삼보에 공양하여
불교가 발전하고 성장하게 할 것입니다.
저는 이 재부를 가지고 가족을 부양하여
그들의 덕업이 증진하게 할 것입니다.
저는 이 재부를 가지고 바른 사업에 종사하여
국가와 사회에 복을 지을 것입니다.
저는 이 재부를 가지고 공익에 투자하여
세계 인류에게 이익 되게 할 것입니다.
제가 금전을 지혜롭게 운용하여
세간 위해 부를 창조한 사람이 되고
중생과 함께 부를 나눈 사람이 되도록
저를 가피해 주시옵소서.
자비롭고 위대하신 부처님!
저의 지극한 기원 받아주시기 바라옵니다.
저의 지극한 기원 받아주시기 바라옵니다.

즐거움의 성취

불광기원문 017
널리 선연 맺기를 바라는 기원문

자비롭고 위대하신 부처님!
부처님께서 금강좌 위에서 깨달으시고
'만법연기萬法緣起' 선언하신 그 순간
세상에는 광명이 생겨났고
인류에겐 희망이 생겨났습니다.
인연이 얼마나 중요한가 알아야만
널리 선연 맺는 의미를 이해할 수 있는 까닭입니다.
자비롭고 위대하신 부처님!
제자는 부처님 전에 귀의한 그 순간부터
한 순간의 망설임도 없이 부처님 진리를 믿었고

'널리 선연 맺기'의 미덕을 더욱 받들어 행하고 있습니다.

우리는…,

때로는 병원에서 봉사하며 환자를 돕고

때로는 거리에서 경찰을 도와 교통정리를 하고

때로는 노약자를 위해 편지대필이나 신문을 읽어주고

때로는 사찰을 위해 법당을 청소하고 친절하게 안내해 줍니다.

우리는…,

때로는 미소를 지으며 타인과 '널리 선연 맺기'를 하고

때로는 칭찬해주며 타인과 '널리 선연 맺기'를 하고

때로는 기쁨을 주어 타인과 '널리 선연 맺기'를 하고

때로는 도움을 주어 타인과 '널리 선연 맺기'를 합니다.

자비롭고 위대하신 부처님!

우리는 사찰에서도

'널리 선연 맺기'의 가르침을 받들어

때로는 방사房舍를 지어 대중이 머물도록 내어주고

때로는 학교를 설립하여 대중이 공부하게 내어주는 것을 보았습니다.

우리는 또한 많은 스님께서

널리 선연 맺고자 곳곳을 다니시며

때로는 부처님의 가르침 설법하시고

때로는 분주히 뛰어다니며 재난 구제하는 것을 보았습니다.

이외에도 수많은 재가신도는

때로는 도량에서 함께 수행하며 복덕 회향하고

때로는 자선사업을 벌여 외롭고 가난한 이 돕고
때로는 공장과 기업을 설립해 취업 늘리고
때로는 경전과 법어집을 발행해 지혜 보시합니다.
그들은 '널리 선연 맺기'를 위해
누군가는 이불을 보시하여
가난하고 힘든 사람에게 따뜻함 전해줍니다.
누군가는 곡식을 보시하여
자립하려는 사람에게 따스함 전해줍니다.
한 마디 좋은 말은 한 겨울 추위도 녹이고,
한 줄기 등불 빛은 태양이 저 위에 비치는 것과 같습니다.
죽 한 순가락도 배고픈 자에게 생존의 의지가 되고
우산 하나도 비바람 속 길 가는 이에게 기쁨을 줍니다.
자비롭고 위대하신 부처님!
보시하는 자와 받는 자 모두 가피하시어
모두가 법계의 화합 느끼게 해주시고
모두가 인아(人我; 남과 나)의 진심 경험하게 해주시옵소서.
자비롭고 위대하신 부처님!
지극한 정성으로 드리는 저의 기원 받아주시옵소서.
지극한 정성으로 드리는 저의 기원 받아주시옵소서.

즐거움의 성취

불광기원문 018
자신감을 기원하는 기원문

자비롭고 위대하신 부처님!
위축된 목소리에 귀기울여 들어주시길 바라오며
부처님의 앞에서 공손히 기원드리옵니다.
저는 주관이 없는 사람입니다.
사회를 마주하면 저는 늘 두려운 마음 갖게 되고
친구를 마주하면 저는 그의 뜻을 수용한 적 없습니다.
저는 열심히 노력했지만 여전히 활달한 성격 되지 않습니다.
저는 나아지려 노력하지만 여전히 과감한 결단의 의지가 부족합니다.
그래서 지난날 저의 모습 하나하나 되돌아보면

제 자신이 한없이 작고 보잘것없다고 생각됩니다.
그래서 지금의 제 처지를 둘러보면
저는 기댈 곳이 없어 방황하는 느낌이 듭니다.
자비롭고 위대하신 부처님!
저는 어리석고 위축되어 있는 사람입니다.
저는 지혜로운 태도를 학습하지 못했기 때문이고
저는 적극적이고 원만한 처신이 결여되어 있기 때문입니다.
그래서
일단 좌절을 만나면 저는 낙담하게 되고
일단 곤경에 처하면 저는 나아가길 두려워하고
일단 타격을 받으면 저는 의기소침해지고
일단 시비에 엮이면 원망과 탄식을 하게 됩니다.
부처님께 기원하옵니다!
제가 좌절을 만났을 때 용감하게 나아가게 해주시고
제가 곤경을 만났을 때 용기를 낼 수 있게 해주시옵소서.
자비롭고 위대하신 부처님!
저는 고집 세고 이기적인 사람입니다.
즐거운 성격과 마음가짐이 결여되었기 때문이고
감사하는 생각과 미덕이 결여되었기 때문입니다.
그래서
사업이 순조롭지 않을 때면 책임을 전가하고
윗사람이 책망할 때면 매사 남 탓을 합니다.

군중이 모이는 자리일 때는 가급적 그 자리를 피하고
일상에서 좌절할 때는 번뇌가 끊이지 않습니다.
부처님께 기원하옵니다!
제가 사업 순조롭지 않을 때는 독단으로 처리하지 않게 해주시고
제가 윗사람의 책망 들을 때는 자신에게서 원인 찾게 해주시고
군중이 모이는 자리에서는 타인과 즐겁게 지내며 인연 맺게 해주시고
제가 생활에서 좌절할 때는
그래도 즐겁게 웃어 보일 수 있게 해주시옵소서.
자비롭고 위대하신 부처님!
저는 신앙의 깊이가 얕은 사람입니다.
제 몸은 습기와 업장에 감싸여 있고,
제 마음에는 의심과 시기, 악한 성격이 있기 때문입니다.
그래서 저는 늘 알면서도 잘못을 저지릅니다.
그래서 저는 항상 잘못에 잘못을 거듭합니다.
부처님께 기원합니다!
제가 자아에 충실한 가운데
지혜가 증장되고 자존감을 높이게 해주시옵소서.
제가 수행 정진하는 가운데
복덕이 늘어나고 존엄 세우게 해주시옵소서.
더 이상 타인의 사소한 눈빛에도 두려워하지 않게 하시고
더 이상 타인의 선의를 비난하고 의심하지 않게 해주시옵소서.
자비롭고 위대하신 부처님!

저의 진심어린 기원을 받아주시옵소서.
저의 진심어린 기원을 받아주시옵소서.

즐거움의 성취

불광기원문 019

참괴慙愧 기원문

자비롭고 위대하신 부처님!
제자가 이 세상에 나와 지난날을 회상해보니
지혜가 부족하고 능력도 부족한 데다
언행은 청정치 못하고 도덕 역시 원만치 못하였습니다.
오늘 저는 부처님 전에
진심에서 우러나는 부끄러움에 참회드리려고 합니다.
자비롭고 위대하신 부처님!
부모님께는 저의 효도와 봉양이 부족하였고
부모님을 기쁘게 해드리려는 언행이 부족했으며
늘 부모님을 걱정하시게 했습니다.

스승님이 주시는 가르침 착실하게 따르지 않고
깨우침 진정으로 믿어들이지 않았습니다.
오늘 저는 부처님 앞에서 저의 무지와 무능 말씀드리고
앞으로는 가문과 가정 빛내는 사람이 될 것을 발원합니다.
자비롭고 위대하신 부처님!
저는 친구에 대한
깊은 부끄러움 역시 말씀드리고자 합니다.
친구에게 베푼 저의 도움이 부족했고 보살핌이 부족했습니다.
친구에게 행한 저의 충고가 부족했고 진정성이 부족했습니다.
오늘 저는 부처님 앞에서 저의 무지와 무능 말씀드리고
앞으로는 어려움도 함께 겪고 헤쳐 나가는 사람이 될 것을 발원합니다.
자비롭고 위대하신 부처님!
저는 심지어 가까운 친지의 자제들에게도 미안한 마음이 많습니다.
저는 그들에게 몸으로써 모범을 보이는 것이 부족했고
저는 그들에게 말로써 본보기를 보이는 것이 부족했습니다.
자비롭고 위대하신 부처님!
저는 국가와 사회에 대해 더욱 부끄럽습니다.
저는 국가에게 혜택을 받는 것만 기대하였지
제 자신이 공헌하고 봉사할 생각을 하지 못했습니다.
저는 사회에게 복지를 요구하기만 하였지
제 자신이 나라와 국민을 이롭게 할 선행을 하지 않았습니다.

어느 고요한 밤 가만히 생각해 보았습니다.
'사농공상의 사람들이 일상에서 필요한 용품을 공급하는데
나는 그들에게 어떤 도움을 주었을까?
다양한 사람들이 나에게 수많은 인연 주었는데
정작 나는 그들에게 얼마나 회향하였을까?'
자비롭고 위대하신 부처님!
저는 몸과 마음에 장애 가진 이에게
그들이 느끼는 고통을 나눔이 부족했습니다.
저는 보잘것없는 직업을 가진 이에게
함께 일하자 섭수할 줄 몰랐습니다.
저는 가난과 질고에 시달리는 이에게
자비를 베풀고 사랑하고 보호할 줄 몰랐습니다.
저는 홀로 사는 외로운 이에게,
관심을 갖고 보살피려는 마음이 없었습니다.
자비롭고 위대하신 부처님!
저는 당신의 제자라는 것이 참으로 부끄럽습니다.
저에게 지난 잘못을 고치고 일신할 역량을 주시옵소서.
저에게 지난날의 행실을 보상할 기회를 주시옵소서.
자비롭고 위대하신 부처님!
저의 정성 어린 기원 받아주시옵소서.
저의 정성 어린 기원 받아주시옵소서.

즐거움의 성취

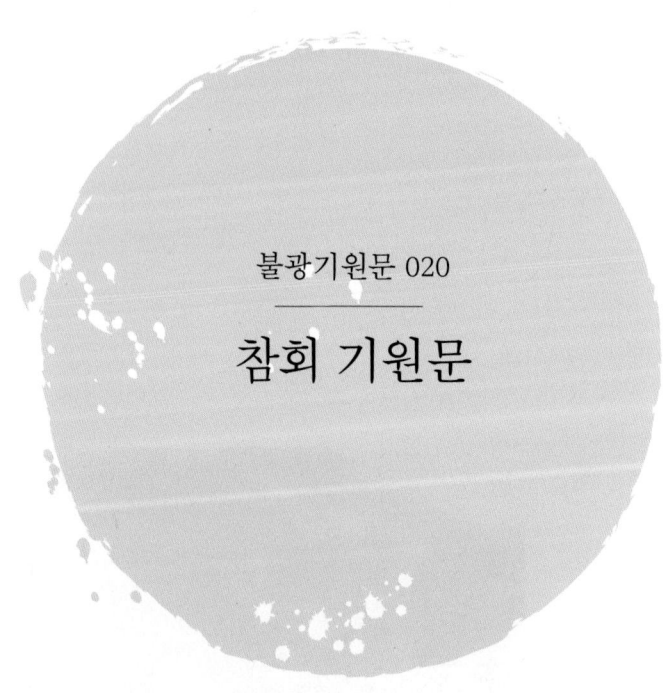

불광기원문 020

참회 기원문

자비롭고 위대하신 부처님!
제자는 지극히 간절한 마음으로 부처님 전에 엎드려
참회드리고자 하옵니다.
아득히 먼 과거부터
제 몸으로 지은 살생과 도둑질, 음란과 거짓말의 업장
헤아릴 수도 없이 많습니다.
제 입으로 지은 악한 말, 이간질의 업장이
다할 수 없이 많습니다.
제 생각으로 지은 탐욕, 성냄, 어리석음의 업장이
끝 간 데 없이 많습니다.

지금 오직 부처님 위신의 힘에 의지하여
제게 참회의 역량 내려주시길 기원합니다.
지금 오직 부처님 정수淨水에 기대어
저의 무거운 죄업 씻어주시길 바랍니다.
어려서부터 지금까지 회고해 보면
저는 늘 사리에 어두워 선악 구분하지 못하였고
저는 늘 인과에 어리석어 시비 전도되었고
저는 늘 사견에 집착하여 자신이 옳다 여겼습니다.
제 자신의 이익 보호하기 위해
고난을 당하는 중생 여러 차례 보면서도
구원의 손길 내밀지 않았고
늙고 약한 중생 여러 차례 만났어도
가엾이 여기거나 도움의 손길 내밀지 않았습니다.
타인이 소유한 것 질투하여
저는 상대방의 잘못은 멋대로 떠들고
제 자신의 행동 너그러이 용서하였습니다.
자비롭고 위대하신 부처님!
이 모든 행위를 통해
저의 죄업이 끝없음을 알 수 있습니다.
저는 오늘 부처님 앞에 꿇어앉아
지극히 경건하고 진실된 마음으로
마음속 깊이 우러나는 참회를 드립니다.

부처님께서 자비로운 광명 비춰주시어
지난날 지은 죄 다 고칠 수 있다면
기쁜 보시로 탐욕 치유하겠으며
자비로움으로 성냄 치유하겠으며
참된 믿음으로 의심 치유하겠으며
겸허함으로 교만 치유하겠습니다.
오늘부터
저는 부처님 행의行儀 실천할 것을 발원합니다.
타인에게 믿음 주겠습니다.
타인에게 기쁨 주겠습니다.
타인에게 희망 주겠습니다.
타인에게 편리함 주겠습니다.
오늘부터
저는 부처님의 가르침 봉행할 것을 발원합니다.
오계五戒와 십선十善으로 나와 타인 이롭게 하겠습니다.
삼학을 증상하여 지혜와 복덕 함께 닦겠습니다.
네 가지 커다란 은혜 대중에게 회향하겠습니다.
사섭四攝과 육도六度로 유정有情한 것에 유익되게 하겠습니다.
자비롭고 위대하신 부처님!
지극한 정성으로 드리는 저의 참회와 발원 받아주시길 바라옵니다.
지극한 정성으로 드리는 저의 참회와 발원 받아주시길 바라옵니다.

즐거움의 성취

불광기원문

願汝・行福

행복예찬

원하옵건대, 당신의 행복을 기원합니다.

어두운 밤하늘 바라보며
기원드리옵니다
저 먼 곳에 전쟁이 그치고
이 세상에 평화와 안정이 가득하기를…
부처님의 가피로 당신과 제가 아끼는 모든 이
날마다 복되고 행복하기를 기원하옵니다

불광기원문 021

혼인 기원문

자비롭고 위대하신 부처님!
오늘 경건한 마음으로 공경하는 부처님 앞에 선
신랑 ○○○ 군과 신부 ○○○ 양은
이제 부부의 연을 맺고자 하옵니다.
우리는 이 한 쌍을 축복하기 위해 이 자리에 모였으며
부처님의 자비로운 광명과 가피 아래
아름답고 원만한 인연으로 이어져
보리의 권속이 되길 바라옵니다.
이들은
서로 마음이 맞고

서로 뜻이 통하였기에

부처님의 축복을 빌으며

앞으로 새로운 가정 꾸려 나가기로

결정하였습니다.

가정은 인간이 바람을 피하는 항구요

가정은 사랑의 따뜻한 둥지입니다.

부처님께서 이 새로운 한 쌍을 가피해 주시길 바라옵니다.

한 지붕 아래서

서로 존중하고 서로 포용하며

서로 이해하고 서로 도와주어

이들이 평생 사랑하고

백년해로하게 해주시옵소서.

부처님께서 이 새로운 한 쌍 가피해 주시길 바라옵니다.

함께 살아가며 부모에게 효도하고

웃어른을 공경하게 해주시옵소서.

자비롭고 위대하신 부처님!

오늘의 신랑이

처자식을 보호하는 영웅이 되고

책임을 다하는 장부가 되길 바랍니다.

또한 오늘의 신부가

선량하고 자애롭고 효성스런 여인이 되고

세심하게 내조하는 아내가 되길 바랍니다.

불광기원문

자비롭고 위대하신 부처님!
이들이 앞으로
지혜로 시비를 헤쳐 나가고
공경으로 타인을 대하며
도덕으로 신심을 수양하고
자비로 일처리 해나가도록 가피해 주시옵소서.
오늘의 이 새로운 한 쌍에게
수미須彌의 맹세 지키고
서로의 사랑 변치 않게 해주시옵소서.
이제부터 한 쌍의 연꽃처럼 모든 일 순조롭고
이제부터 한 쌍의 원앙처럼 부부가 화목하길 바랍니다.
항상 복이 넘치고
기쁨이 넘쳐나게 해주시옵소서.
자비롭고 위대하신 부처님!
이 자리에 모인 대중의 기원 받아주시기 바라옵니다.
이 자리에 모인 대중의 기원 받아주시기 바라옵니다.

행복 예찬

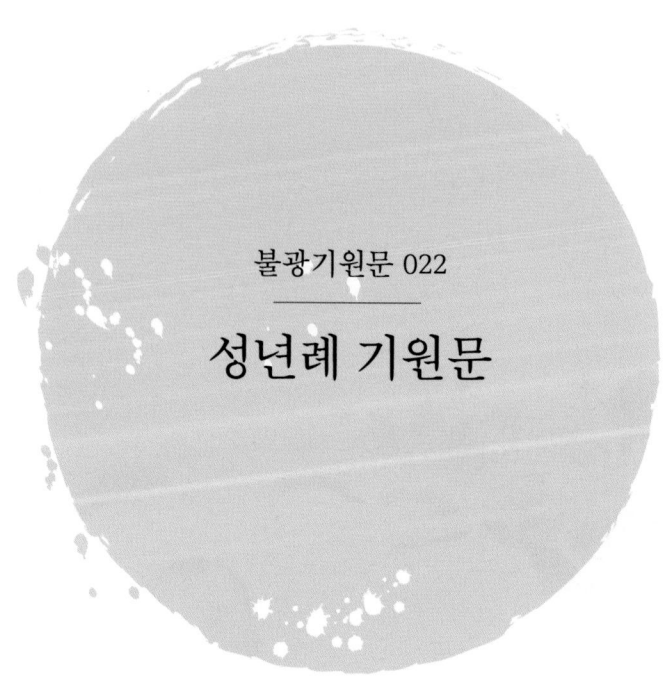

불광기원문 022

성년례 기원문

자비롭고 위대하신 부처님!
지금 당신 앞에 서 있는 이 젊은 청년들은
부모님과 가족친지의 축복을 받으며
곧 성년의 인생을 향해 나아가려 하옵니다.
오늘부터 이들에게는 인생의 또 다른 세계가 시작됩니다.
가정에서 대중에게로 나아가고
학교에서 사회로 나아가고
개인에서 집단으로 나아갑니다.
지금부터 가정에서 이들은
부모를 봉양하는 책임을 짊어져야 합니다.

지금부터 사회에서 이들은
배운 바를 기여하여 인간세상 복되게 만들어야 합니다.
자비롭고 위대하신 부처님!
이들은 더 이상 타인에게 받은 은혜 누리려만 하지 말고
사회의 은덕 보답코자 열심히 노력해야 합니다.
이들이 이제부터
진중한 행동 지니게 하시고
은혜에 감사하는 미덕 지니게 하시고
지혜롭고 뛰어난 생각 지니게 하시고
관용과 아량 지니게 하시고
솔직한 마음가짐 지니게 하시고
밝고 명랑한 성격 지니게 하시고
타인의 존중 받을 수 있게 하시고
타인의 우의 받을 수 있게 하시옵소서.
자비롭고 위대하신 부처님!
이들에게 훌륭한 자질을 내려주시고
이들에게 훌륭한 인연 내려주십시오.
이들도 아마 좌절과 실패를 만나게 될 것입니다.
이들을 가호해 주시어
좌절하여 쓰러질 때
난관을 알아차리고 용감하게 일어서도록 해주시옵소서.
실의에 빠져 있을 때

스스로를 돌아보고 다시 달리게 해주시옵소서.
고난에 빠져 있을 때
냉정하게 분석하고 집착 벗어나게 해주시옵소서.
방황하고 있을 때
목표를 정확히 보고 변함없이 전진하게 해주시옵소서.
타인의 의견 기꺼이 받아들이는
넓은 마음 갖게 하시고
타인의 비평 잘 받아들이는
부드러운 마음 갖게 해주시옵소서.
자비롭고 위대하신 부처님!
이들은 모두 갓 태어난 새끼입니다.
부처님께서
이들의 단점 가운데 지혜를 영민하게 계발하게 하시고
이들의 나태함 가운데 책임을 다하도록 격려해 주시옵소서.
자비롭고 위대하신 부처님!
청컨대, 저의 정성 어린 기도를 받아주시기 바라옵니다.
청컨대, 저의 정성 어린 기도를 받아주시기 바라옵니다.

행복 예찬

불광기원문 023

주택 착공식 기원문

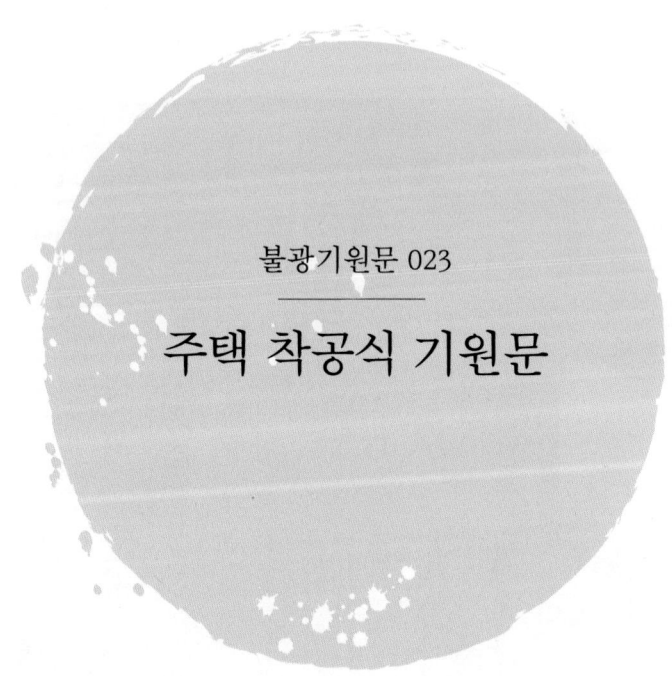

자비롭고 위대하신 부처님!
저는 흥분된 심정으로 부처님께 말씀올리옵니다.
○○ 선사善士의 집이 오늘 첫 삽을 뜹니다.
애써주신 설계사님들의 노고와
지지와 충고를 아끼지 않은 친지와 벗들
그리고 원만히 이루어지게 해준 모든 인연에 감사드립니다.
물론 부처님의 가피에 가장 감사드립니다.
우리는 이곳이
아름답게 빛나는 집이 될 것이고
다양한 기능을 할 주택이 될 것임을

믿어 의심치 않습니다.
자비롭고 위대하신 부처님!
계속된 부처님의 가피 바라오니
시공 기간 동안 이 집의 모든 공정 순조롭고
모든 과정이 뜻한 대로 잘 이루어지게 해주시옵소서.
또한 건설에 참여하는 이들을 모두 보호하시어
신체가 건강하고 일체가 평안하며 행복하게 해주시옵소서.
봉황은 곧게 뻗은 오동나무 위에서 날개를 펴고
신룡은 깊고 넓은 바다 가운데서 헤엄친다는 것을
저희는 알고 있습니다.
길한 사람은 반드시 길한 저택에 머물고
길한 저택은 반드시 길한 사람 보호한다는 것을
저희는 또한 굳게 믿습니다.
○○ 선사는 부처님 정신을 지니어
타인에게 믿음 주고
타인에게 환희 주고
타인에게 희망 주고
타인에게 편리함 주길 바랍니다.
이 주택이 다 지어져 제 기능을 발휘하게 된 뒤에는
거주하는 가족에게 행복 가득 가져다주고
지역의 거주민을 평안하고 화목하게 도우며
친지와 친구들이 즐겁게 왕래하게 만들고

모든 선한 이들 맞아 함께 어울리게 해주시옵소서.
자비롭고 위대하신 부처님!
이 주택처럼 우주 전체의 생명 역시
여러 인연의 도움이 있어야
견고하고 튼튼할 수 있습니다.
세심하게 서로 아끼고 보호해야
기능을 제대로 발휘할 수 있습니다.
여러분은 주택기공을 축하함과 동시에
마음의 집을 위해 축복할 것도 잊지 마시기 바랍니다.
우리는 도덕을 기단석으로 삼고
우리는 참선수행을 대들보로 삼고
우리는 자비로움을 시멘트로 삼고
우리는 기쁜 보시로 자갈을 삼아야 합니다.
세상의 모든 주택이 인간에게 기쁨을 더해 주기를 바랍니다.
세상의 모든 주택이 중생을 더욱 보호해 주기를 바랍니다.
자비롭고 위대하신 부처님!
지극한 정성으로 드리는 저의 기원 받아주시옵소서.
지극한 정성으로 드리는 저의 기원 받아주시옵소서.

행복 예찬

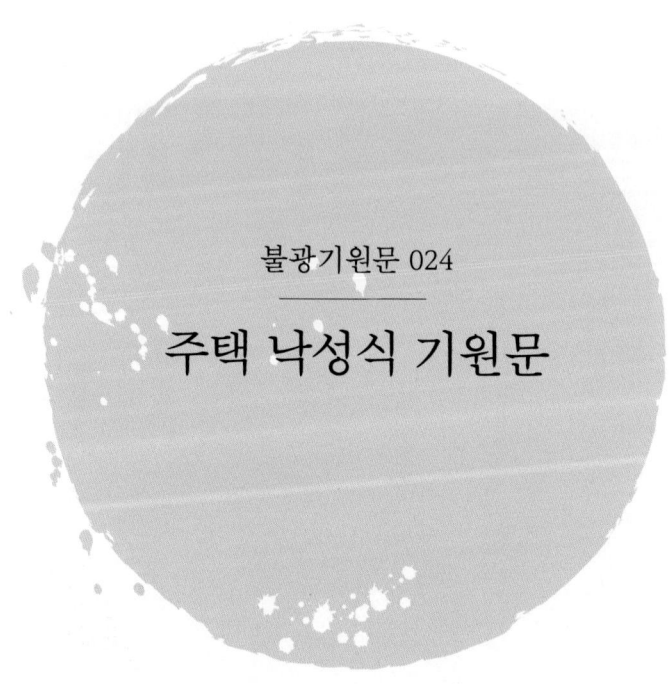

불광기원문 024
주택 낙성식 기원문

자비롭고 위대하신 부처님!
기쁜 소식 한 가지를 말씀드리고자 하옵니다.
○○○ 거사(보살)의 새 보금자리가 마련되었습니다.
이처럼 아름답고 빛나는 새 집을 설계해주신
건축사에게 감사드리고
비바람과 뜨거운 태양 아래 함께 애써주신
모든 일꾼들께 감사드립니다.
다방면으로 지원과 도움을 아끼지 않고 보내준
친구들에게도 감사드리고
모든 좋은 인연 내려주신

부처님께 더욱 감사드립니다.
집이란 바람을 피할 수 있는 항구요
집이란 안락한 둥지입니다.
그래서 저는 부처님께 더 간절히 기원하오니
그들의 집이 훌륭한 도량 되게 하시고
그들의 집이 극락세상 되게 해주시옵소서.
자비롭고 위대하신 부처님!
이 새 집이 으리으리한 대저택은 아닐지라도
언제나 비바람 피할 수 있을 것입니다.
이 새 집이 휘황찬란한 건물은 아닐지라도
언제나 한 가정의 희망일 것입니다.
자비롭고 위대하신 부처님!
바라옵건대 부처님 광명 두루 비춰
저들의 새 집이 지역사회의 보리가 되게 하시고
더 많은 이웃과 불법의 환희 향유하게 해주시옵소서.
이 한 가족이
신심과 도념으로 씨앗을 삼고
선정과 계행으로 비료를 삼고
정지正知와 정견正見으로 비와 이슬을 삼고
널리 맺은 선연으로 햇빛을 삼게 하시옵소서.
이 새 집이
환희와 융합으로 보망寶網을 삼고

반성과 감사로 가로수를 삼고
칭찬과 좋은 말로 연못을 삼고
자비와 보시로 통로를 삼게 하시옵소서.
자비롭고 위대하신 부처님!
○○○ 거사(보살)의 새 집을 보며
저는 세간의 수많은
집 없는 이들을 생각하게 됩니다.
부처님께서 그들이 머물 곳을
찾도록 도와주십시오.
자비롭고 위대하신 부처님께 더욱 간절히 기원하옵니다.
세상의 모든 거주자가
지진의 공포에서 벗어날 수 있게
태풍의 위협에서 벗어날 수 있게
전쟁의 겁난에서 벗어날 수 있게
수재의 재해에서 벗어날 수 있게 해주시옵소서.
모든 사람들이
즐거운 마음으로 집을 나섰다가
평안하게 가정으로 돌아오게 해주시옵소서.
자비롭고 위대하신 부처님!
저의 정성 어린 기원을 들어주시옵소서.
저의 정성 어린 기원을 들어주시옵소서.

행복 예찬

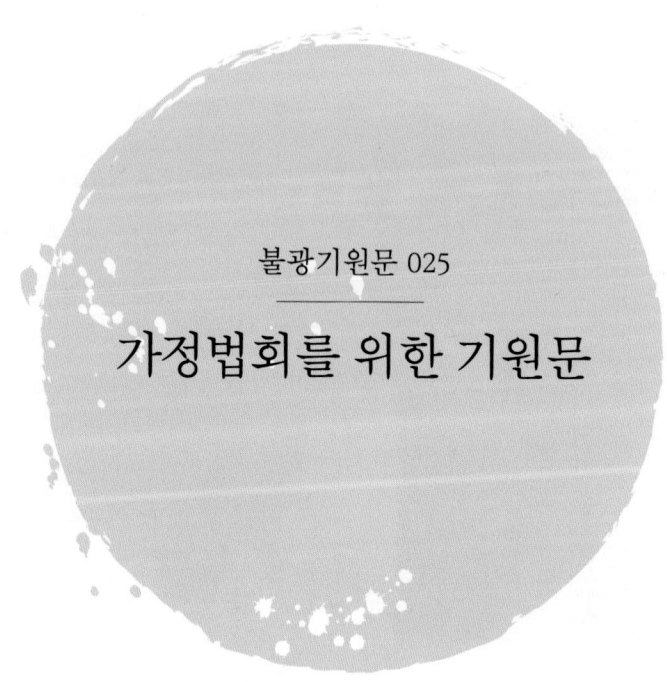

불광기원문 025

가정법회를 위한 기원문

자비롭고 위대하신 부처님!

오늘 우리 모두

○○○ 선생과 ○○○ 여사 부부 댁에 모여

위대하신 부처님을 찬미하고

깊고도 넓은 부처님 말씀 마음껏 얘기하며

부처님 법의 희열 다함께 만끽하고 있사옵니다.

부처님의 가호 받아

○○○ 선생과 ○○○ 여사의 온 가족이

신체 건강하고

사업 순조롭고

온 가족 평안하며

뜻한 바 다 이루길 바라옵니다.

부처님 가피를 받아

○○○ 선생과 ○○○ 여사 모든 권속이

서로 화목하고 공경하며

서로 사랑하고 배려하며

서로 감사하고 도우며

더욱 복된 인연 맺길 바라옵니다.

오늘 저희는 부처님 성스러운 모습을 우러르며

부처님의 위덕을 입어

○○○ 선생과 ○○○ 여사의 가족이

자비와 희사를 지니고

함께 불교가정 건립해 나가길 바라옵니다.

존중과 포용 지니고

함께 선정과 복혜 닦고 배우기를 바라옵니다.

또한 부처님께서 저희 모두 자비롭게 가피하시어

우리 역시

○○○ 선생과 ○○○ 여사 부부처럼

부처님의 자비 얻게 해주시길 바라옵니다.

저희는 불도佛道의 위에서

나태하지 않고 물러남 없이 정진하겠습니다.

저희는 법해 가운데서

바른 믿음 계발하고 불퇴전의 마음 영원히 지니겠습니다.

부처님의 가호로

이 가족들이

재부와 평온 구하면 성취하게 해주시고

권속의 화목 구하면 원만하게 해주시고

안락한 생을 구하면 얻도록 해주시고

탄탄한 사업 구하면 순탄하게 해주시옵소서.

자비롭고 위대하신 부처님!

그들에게 신심과 환희를 내려주시고

그들에게 강인한 인내와 의지를 배가시켜 주시옵소서.

부처님의 광명 두루 비추는 가운데

그들이 부처님의 감로법수를 얻게 해주시옵소서.

자비롭고 위대하신 부처님!

저의 기도를 받아주시기 바라옵니다.

저의 기도를 받아주시기 바라옵니다.

행복 예찬

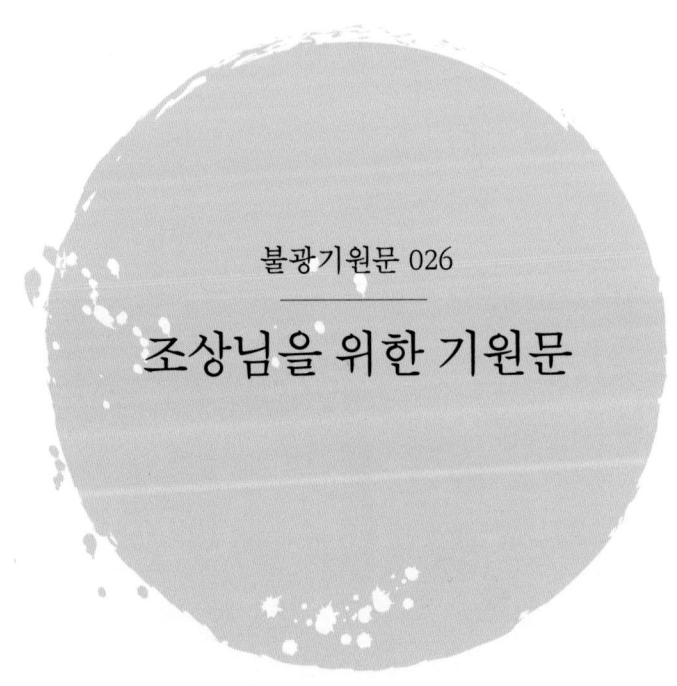

불광기원문 026

조상님을 위한 기원문

자비롭고 위대하신 부처님!
저의 조상에 대한 감사와 축복을
부처님께 말씀드리려 하옵니다.
저희가 지금 이토록 편안하고 즐거운 생활 영위할 수 있는 것은
모두 조상님께서 애써 노력한 덕분이며
저희를 위해 풍부한 재부 남겨놓아
저희들이 문명을 누리고 생활할 수 있게 해준 덕분이며
저희에게 아름답고 훌륭한 인생을 열어주어
저희가 편리한 생활을 향유할 수 있게 해준 덕분입니다.
조상님들은 후손의 행복을 위해

손발은 다 헤지고 가시에 찔리고 베이면서
피 흘려 외세의 침략과 억압에 맞서 싸우기도 했습니다.
조상들은 자손의 앞날을 위해
이민을 가서 고생 속에 억척스럽게 이겨냈고
어려운 공문서를 보아가며 새 삶을 창조하였습니다.
자비롭고 위대하신 부처님!
조상님들은 가신 지 오래 되었지만
그분들이 남신 본보기는 여전히 우리 앞에 있습니다.
우리는 타인을 이롭게 하는 조상의 미덕을 본받고
우리는 단결하는 조상의 모범 따라 배우고
우리는 굳건히 인내하는 조상의 풍모 계승하고
우리는 예의로운 조상의 가르침 받아들이기를 원합니다.
그들을 위해 드리는 저의 참회와 기도 받아주소서.
그들을 위해 드리는 저의 천도와 해탈 받아주소서.
그들을 대신해 드리는 저의 삼보 귀의 받아주소서.
그들을 대신해 무릎 꿇고 용서를 구하니 받아주소서.
자비롭고 위대하신 부처님!
그들 중 삼악도에 있는 분은
인천人天에 태어나 수승한 즐거움 누릴 수 있게 해주시고
그들 중 인천에 계신 분은
삼보를 믿고 영원토록 지옥에 떨어지지 않게 해주시옵소서.
자비롭고 위대하신 부처님!

우리 역대 조상 가운데
누구는 시운이 좋지 않아 일찍 요절한 이도 있고
억울한 일을 당해 원통함 품고 돌아가신 이도 있고
자신의 재능 펼칠 기회를 얻지 못해 원망 속에 일생 사신 이도 있고
천재지변과 전쟁 등으로 인해 처자식과 이별한 이도 있습니다.
그들이 삼세업보의 인과를 이해하게 해주시고
그들이 인연 맺고 업을 소멸하는 도리 알게 해주시고
그들의 성령性靈이 하루빨리 천도되게 해주시고
그들의 신식神識이 정화될 수 있게
부처님께서 그들을 가피해 주시길 기원하옵니다.
자비롭고 위대하신 부처님!
오늘 제가 무슨 복이 있어
부처님을 의지처로 삼게 되었는지 모르지만
저 역시 앞으로 선조들의 미덕을 본받아
후손들을 이롭게 하겠습니다.
자비롭고 위대하신 부처님!
저의 지극히 정성스런 기원 받아주시기 바라옵니다.
저의 지극히 정성스런 기원 받아주시기 바라옵니다.

행복예찬

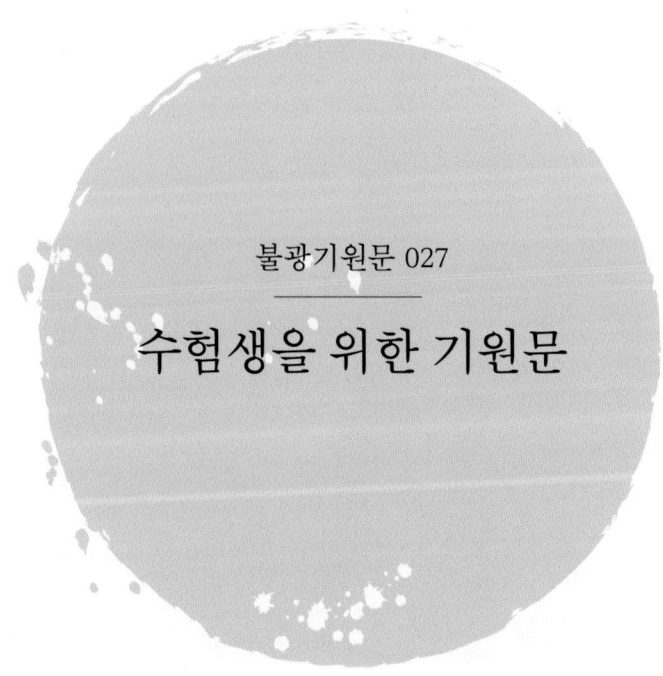

불광기원문 027

수험생을 위한 기원문

자비롭고 위대하신 부처님!
오늘 제자는 축복하는 마음으로
부처님께 기원올리옵니다.
당신의 가피를 입어
이번 ○○○ 시험 보는 수험생 모두
합격의 기쁨과 자신이 원하는 결과를
얻게 되길 바랍니다.
또한
저들이 침착한 마음으로 고사장에 들어갔다가
저들이 즐거운 마음으로 나오게 해주시길

부처님께 기원합니다.
자비롭고 위대하신 부처님!
시험의 승패를 가르는 관건은
평소 실력을 얼마나 발휘하느냐에 달렸고
안정적인 마음가짐에 달려 있다는 것을
저희는 잘 알고 있습니다.
부처님의 가피로
그들이 굳건한 인내력을 갖게 도와주시고
그들이 지혜를 잘 발휘하게 도와주시고
그들이 배운 바를 잘 응용하게 도와주시고
그들이 알고 있는 것을 잘 활용하게 도와주시길 바라옵니다.
자비롭고 위대하신 부처님!
수험생 모두 시험지를 마주한 순간
추석 보름달처럼 깨끗하고 밝은 마음이게 하시고
강과 바다의 파도처럼 쉼 없이 사고가 흐르게 해주시옵소서.
그들이 순조롭게 모든 시험 치르고
그들이 가장 훌륭한 실력 발휘하게 해주시옵소서.
자비롭고 위대하신 부처님!
시험이라는 좁은 문은
언제나 일부의 사람만 합격시키고
시험의 결과 앞에
언제나 일부의 사람은 낙방하게 됩니다.

행복예찬

그 문턱을 넘은 사람이
반드시 성공한 일생을 의미하는 것은 아닙니다.
그렇다고 밖에 남겨진 사람이
영원한 실패자로 운명 지워지는 것도 아닙니다.
부처님께서는
모든 법은 인연이 모여 생겨나고
모든 법은 인연이 다하면 사라진다고 말씀하셨습니다.
인연으로 생겨나고 인연으로 사라지는 세간에서는
경험 하나하나 발전의 초석이 되고
성패 하나하나 앞날의 교훈이 됩니다.
부처님의 보호로 합격한 수험생이
장차 훌륭하게 성장하게 해주시길 바라옵니다.
또한 아쉽게 합격하지 못한 수험생들 역시
이를 교훈으로 삼아
포기하지 않고 용기를 내 발걸음 재정비하게 해주시옵소서.
그들이 인연을 이해하고
재기할 수 있는 기회가 있음을 알게 해주시길 바라옵니다.
자비롭고 위대하신 부처님!
지극한 정성으로 드리는 저의 기원 받아주시기 바라옵니다.
지극한 정성으로 드리는 저의 기원 받아주시기 바라옵니다.

행복 예찬

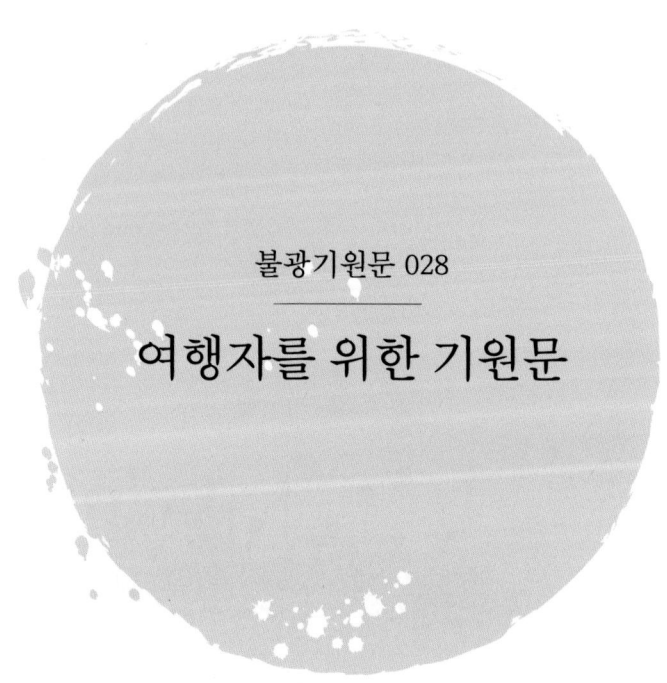

불광기원문 028

여행자를 위한 기원문

자비롭고 위대하신 부처님!
사람들은
"만 권의 책을 읽고 만 리를 여행한 뒤에야
비로소 인생이 보인다."고 말합니다.
저 역시 이런 걸림 없는 자유로운 인생을 갈망해 온 지 오래입니다
53 선지식을 찾아가는 선재동자는
우리가 배울 가치가 충분히 있습니다.
운수행각하시던 역대 조사님들은
우리가 본받을 가치가 있습니다.
그러나

지금은 이 탐방과 여행으로 인해
또 얼마나 많은 재난이 발생하는지 모릅니다.
지금의 자동차, 선박, 비행기 등 교통수단으로 인해
얼마나 많은 불행이 생겨나는지 모릅니다.
자비롭고 위대하신 부처님!
저를 평안케 해주시옵소서.
즐겁고 기쁘게 대문을 나섰다가
무탈하게 집으로 돌아올 수 있도록 해주시옵소서.
제가 여행하는 중에
선한 인연 심고 가꿀 기회 주시고
도움의 인연 받을 수 있는 복 주시고
세간의 기이한 풍속 이해하게 하시고
각지의 인정과 사리 꿰뚫어보게 해주시옵소서.
저를 항상 보살펴 주시는 부처님의 가피에 감사드립니다.
또한 어디서든 아름다운 풍경을 감상할 수 있도록 해주는
산하대지에도 감사합니다.
또한 편안한 여행을 할 수 있도록 해주는
강과 하천, 바다에도 감사합니다.
또한 자유롭게 날 수 있도록 해주는
하늘과 구름에도 감사합니다.
또한 우리가 상쾌한 기분이 들게 해주는
꽃나무에도 감사합니다.

자비롭고 위대하신 부처님!
제가 여행 떠날 수 있도록 해주는
친구들에게도 꼭 감사하고 싶습니다.
그들의 도움과 지원이 있었기에
제가 비로소 여행할 기회가 생긴 것입니다.
또한 제가 여유로운 여행을 할 수 있도록
저의 일을 분담해준 분들에게도 감사하고 싶습니다.
저는 마음 가득 기쁨 담고
마음 가득 은혜에 감사함 담았습니다.
자비롭고 위대하신 부처님!
제가 여행하는 중에
평안하도록 가피해 주시고
모든 일정이 순조롭도록
보살펴 주시기 기원하옵니다.
자비롭고 위대하신 부처님!
저의 간절한 기원 들어주시옵소서.
저의 간절한 기원 들어주시옵소서.

행복 예찬

불광기원문 029
취업 기원문

자비롭고 위대하신 부처님!
저는 무척이나 기쁜 마음으로
부처님께 좋은 소식 한 가지 말씀드리고자 하옵니다.
저도 곧 취업하여 직장이 생깁니다!
부처님께서 제게 주신 좋은 인연 덕분에
부처님께서 제게 가르쳐주신 훌륭한 이치 덕분에
수많은 선연이 모여
저도 곧 취업하게 되었습니다.
제게 기회 주신 면접관께 감사드립니다.
저를 가르쳐주신 스승님께 감사드립니다.

제게 도움 주신 친구들께 감사드립니다.
제게 관심 가져준 가족들께 감사드립니다.
이제부터 저는 반드시 식분에 충실하고
책임을 다 하겠습니다.
이제부터 저는 반드시 근면하게 임하고
업무를 해내겠습니다.
저는 몸과 마음을 다해
일처리를 잘 해나가겠으며,
저는 정과 의리를 지켜
동료와 잘 지내겠습니다.
부처님께서 저희에게 가르쳐주신 진리를 잘 익혀
상사는 더욱 잘 받들어 모시고
동료와는 참된 마음으로 화목할 것입니다.
저는 배우고자 더욱 노력하겠습니다.
무릇 일처리는
끝까지 최선을 다하겠으며
무릇 타인에게는
한결같은 마음으로 대하겠습니다.
제가 부족하다는 것을 잘 알고 있습니다.
그러므로 위대하신 부처님이시여!
저에게 자신감 주시고
저에게 인연 주시길 기원하옵니다.

행복예찬

제가 인격적으로 더 향상되게 하시고
제가 배우고 익힘에 더 성취를 하게 해주시옵소서.
제가 이 직장에서
발휘하는 모든 성과가
부모와 친족에게 당당할 수 있고
국가와 사회에 당당할 수 있고
가까운 친구에게 당당할 수 있고
저의 선한 인연에 당당할 수 있게 해주시옵소서.
부처님께 비옵니다.
저의 이런 선한 인연 보우해 주시고
영원히 이어질 수 있게 해주시옵소서.
자비롭고 위대하신 부처님!
저의 기원 받아주신 부처님께 감사드리옵니다.
저의 기원 받아주신 부처님께 감사드리옵니다.

행복예찬

불광기원문 030
피안(사업성취) 기원문

자비롭고 위대하신 부처님!
저는 기쁜 마음으로 부처님께 말씀드리옵니다.
부처님이시여!
저의 일을 다 성취하였습니다.
저의 사업은 이미 피안에 도착하였습니다.
많은 노력을 거치고
또한 거듭되는 고생을 겪으며
저는 드디어 일을 완성해냈고
저는 결국 일을 피안에 도달하였습니다.
제 자신의 성과를 위한 것도 아니며

제 자신의 공로를 위한 것도 아닙니다.

다만

대중 위해 이바지하고

미래 위해 도움이 되기만 바랐습니다.

부처님께서는 당시에

복과 지혜 기르기 위해

삼대아승지 지나오셨고

상호相好를 닦기 위해

백천억만 겁 겪어오셨습니다.

부처님께서 쌓으신 수많은 공덕과

부처님께서 지나오신 무량 겁 생각하면

저의 이 소소한 성과는

비교도 되지 않습니다.

자비롭고 위대하신 부처님!

보잘것없고 능력 없는 제가

부처님께 기원합니다.

제게 지혜와 영민함 주시고

제게 자비와 바른 생각 주시옵소서.

제가 나태할 때는

더욱 정진하도록 가피해 주시고,

제가 위축될 때는

용맹하게 나아가도록 북돋워 주시옵소서.

자비롭고 위대하신 부처님!
부처님의 가피 받아
제가 독서를 한다면
밝은 이치 깨우칠 수 있기를 바랍니다.
제가 사고를 한다면
바른 견해 가질 수 있기를 바랍니다.
제가 일처리를 한다면
자신감 가질 수 있기를 바랍니다.
제가 수행을 한다면
바른 생각 가질 수 있기를 바랍니다.
제자가 이 일을 완성은 하였지만
여전히 부족함을 깊이 느끼고 있습니다.
부처님이시여! 부처님의 가피로
제가 백척간두에서 한 발 더 오르길 발원합니다.
제가 용맹정진하여 앞으로 더 나아가길 발원합니다.
위대하신 부처님!
지극한 정성으로 드리는 저의 기원을 받아주시옵소서.
지극한 정성으로 드리는 저의 기원을 받아주시옵소서.

행복 예찬

불광기원문

願汝·行福

대원 경지 大圓鏡智

원하옵건대, 당신의 행복을 기원합니다.

마음 깊은 곳 마구니 조복 받고
허송세월 악습관 없애오며
지계와 인욕의 역량을 배가하고
신심을 안주할 수 있는 방편을 전해주십시오

선정과 반야의 수양 도움 주며
나태하지 않고 정진하는 용기 일으키며
자비로 기쁘게 보시하는 정신 발휘하며
무시로부터 이어진 번뇌의 삼독 소멸하게 하십시오

불광기원문 031

애착을 내려놓는 기원문

자비롭고 위대하신 부처님!
저는 애착이라는 수렁에 빠졌사옵니다.
빠져나오지 않는다면
이곳에서 곧 익사하게 될 것입니다!
저는 애착이라는 그물에 걸렸습니다.
벗어나지 않는다면
이곳에서 곧 질식하게 될 것입니다!
자비롭고 위대하신 부처님!
제게 힘을 주시어
제가 애착의 새장 힘차게 박차고 나오게 해주시옵소서.

제게 용기를 주시어

제가 참신한 미래 향해 용감하게 달려가게 해주시옵소서.

많은 친구들이 제게 충고를 아끼지 않았습니다.

애정은 강과 바다에서 이는 물보라 같아서

파도타기 좋아하는 사람은

아름다운 물보라에 삼켜지는 것도 순식간이라 하였습니다.

그렇지만 제멋대로였던 저는 거듭해서 집착하였습니다.

'천 장 높이의 파도와 같다'는 것을 알면서도

저는 위험을 살피지 않았고,

'쉴 새 없이 달려드는 파도와 같다'는 것을 알면서도

저는 돌아볼 줄 몰랐습니다.

애착에 깊이 빠진 저는

얼마나 많은 시간을 허비하였는지 모릅니다.

얼마나 많은 기회를 흘려버렸는지 모릅니다.

자비롭고 위대하신 부처님!

제가 부처님의 선교방편을 지니어

애정의 본질 인식하게 해주시옵소서.

제가 부처님의 자비심을 지니어

인간의 정토 창조하게 해주시옵소서.

저는 애정을 승화시켜

저는 애정을 초월하여

사사로움이 없는 보시로 바꾸고

대가 없는 봉사로 바꿀 것입니다.
자비롭고 위대하신 부처님!
수많은 사람이 애착에 매달려
스스로를 해치고
수많은 사람이 애착에 매달려
비극을 초래하였습니다.
부처님이시여!
저희들이 이성적인 지혜를 통해 애정을 승화하게 해주시고
저희들이 자비를 통해 애정을 맑게 바꾸게 해주시고
저희들이 예법을 통해 애정을 규범 지을 수 있게 해주시고
저희들이 도덕을 통해 애정을 인도할 수 있게 해주시길 바라오며
부처님의 가피를 기원하옵니다.
자비롭고 위대하신 부처님!
앞으로 가르침에 대한 애정이 곳곳에 넘쳐흘러
저마다의 생활 속에서 활력소 되길 기원하옵니다.
앞으로 가르침에 대한 애정이 우주 안에 가득하여
저마다의 사업에 원동력 되길 기원하옵니다.
자비롭고 위대하신 부처님!
지극한 정성으로 드리는 저의 기원 받아주시옵소서.
지극한 정성으로 드리는 저의 기원 받아주시옵소서.

대원 경지

불광기원문 032

마음이 어지러운 이를 위한 기원문

자비롭고 위대하신 부처님!
자애로운 마음으로 기원하는 저의 마음 소리 들어주옵소서.
가엾이 여기는 마음으로 비통한 저의 처지 들어주옵소서.
저의 마음은 얽히고설킨 실타래 같습니다.
저는 아무 계획 없이 일을 처리하고
저는 방향을 상실한 채 생활하고 있습니다.
그래서 저는 매일 두서없는 생각으로 갈팡질팡하고 있습니다.
저는 집착하며 어리석게 처신하고
저는 마음을 변통할 줄도 모릅니다.
그래서 이리저리 생각을 굴려도 속수무책일 때가 많습니다.

제 마음에는 탐욕과 성냄, 의심과 질투가 가득하고

제 머리에는 신심과 도념道念이 부족합니다.

그래서 하루 종일 안주하지 못하고 방황합니다.

저는 자신을 이기는 극기의 수양이 없고

저는 결단력 있게 일을 처리하지 못합니다.

그래서 일이 닥쳐서는 허둥대며 갈피를 못 잡습니다.

저는 일체의 행위로 인한 나쁜 결과가

제 스스로 만든 것임을 압니다.

저는 모든 번뇌의 죄업 또한

제 자신이 불러일으킨 것임을 압니다.

그러나 저는 고치겠다는 결심이 부족하였고

그러나 저는 참회하겠다는 의지가 부족하여

명청하게도 적당히 세월을 보내기만 했고

혼란스러운 마음으로 세월만 허비했습니다.

부처님이시여! 당신의 커다란 가피를 바라옵니다.

앞으로

저는 편협한 마음가짐 버리겠습니다.

저는 초조해하는 악습관 없애겠습니다.

저는 단체화합의 성격 발휘하겠습니다.

저는 낙관적인 인생 열어가겠습니다.

자비롭고 위대하신 부처님!

세간에는 저처럼

대원경지

불광기원문

마음의 갈피 잡지 못하고
어찌할 줄 모르는 사람이 많습니다.
저희들이 마음 깊은 곳 마구니를 제압하도록
저희들이 허송세월하는 악습관 없애도록
저희들이 지계와 인욕의 역량 배가하도록
저희들이 신심을 안주할 수 있는 방편 전해주도록
저희들이 선정과 반야의 수양하는 데 도움 주도록
저희들이 나태하지 않고 정진하는 용기 일으키도록
저희들이 자비로 기쁘게 보시하는 정신 발휘하도록
저희들이 무시로부터 이어진 번뇌의 삼독 소멸하도록
부처님께서 쉼 없이 저희를 가피해 주시길 바랍니다.
자비롭고 위대하신 부처님!
지극한 정성으로 드리는 저의 기원 받아주시옵소서.
지극한 정성으로 드리는 저의 기원 받아주시옵소서.

대원 경지

불광기원문

불광기원문 033

학교를 세운 공덕주를 위한 기원문

자비롭고 위대하신 부처님!
부처님은 세상에서 가장 위대한 스승이시옵니다.
부처님께서는 근기를 살펴 가르침을 내리셨기에
많은 대아라한들이 성취할 수 있었고
많은 발심보살들을 길러냈습니다.
부처님의 차별 없는 교육 덕분에
평등교육의 시작을 열었고, 육화경의 승단을 세웠습니다.
인도 나란다(Nalanda) 사원은
세상에 명성이 자자한 세계 최고의 상아탑이고
용수보살*께서 교장을 역임한 적도 있으며

현장법사도 이곳에서 수학한 적이 있었습니다.

중국의 총림 역시 가르침을 전하는 기능을 갖추고 있습니다.

자비롭고 위대하신 부처님!

저는 비할 바 없는 기쁜 마음으로 부처님께 말씀드립니다.

경관이 수려한 우리의 불광대학!

관리가 장점인 우리의 남화대학!

미국 땅에 위용 있게 자리한 우리의 서래대학!

세계 각지에 있는 우리의 총림대학 모두

품격 있는 교정 갖추었고

완벽한 설비 갖추었고

훌륭한 자질을 갖춘 교사가 있으며

열심히 노력하는 학생이 있습니다.

이것은 모두 백만 인 흥학興學운동의 성과이자

이것은 모두 발심한 공덕주들의 공헌으로 이루어진 것입니다.

우리는 대학의 스승들께서

봄바람과 단비처럼 학생들을 차근차근 일깨우는

훌륭한 교육을 해주시길 희망합니다.

우리는 학생들이

스승을 존경하고 나태하지 않고 학업에 열중하기를 바랍니다.

대학의 스승과 제자가 서로 잘 어울리길 희망합니다.

교실에서는 근면한 학습 분위기가 형성되길 희망합니다.

공덕주의 발심이 원만하게 이루어져

대학은 지식인들의 본보기가 되고
대학은 진리 전파하는 궁전이 되고
대학은 위인 배출하는 요람이 되고
대학은 성현 길러내는 도량이 되길 바랍니다.
자비롭고 위대하신 부처님!
부처님께 기원드립니다.
대학을 위해 마음을 보태신 인연 닿은 분들을 가피하시어
그들의 생활이 건강하고 집집마다 뜻한 바대로 이루게 해주시옵소서.
부처님께 기원드립니다.
대학을 위해 물질적으로 애쓰신 공덕주를 보호하시어
그들의 복과 지혜가 배가되고 오래도록 평안하게 해주시옵소서.
모금위원과 보시하신 공덕주 또한
한없는 세월동안 원하는 바를 모두 이루고,
자손만대에 공덕과 지혜가 전해지기를 희망합니다.
자비롭고 위대하신 부처님!
지극한 정성으로 드리는 저의 기원 받아주시옵소서.
지극한 정성으로 드리는 저의 기원 받아주시옵소서.

***용수보살**: 인도 대승불교 중관학파의 창시자이다. 홍법에 크게 힘썼으며, 대승경전의 주역서를 널리 펴내고, 대승교학의 체계를 수립하였다.

대원 경지

불광기원문

불광기원문 034

법을 전하는 선지식을 위한 기원문

자비롭고 위대하신 부처님!
부처님께서 우주의 진리 깨달으신 그때부터
세간에는 밝은 광명의 희망이 생겼고
오늘까지도 불법은 이미 전 세계에 두루 퍼져 있사옵니다.
홍법이생弘法利生하는 선지식들께 감사드리옵니다.
그들은 등대처럼 사람들에게 방향 가르쳐줍니다.
그들은 감로수처럼 사람들에게 청량함 선사해줍니다.
자비롭고 위대하신 부처님!
홍법이생하는 선지식이라면
청정한 계를 지켜야 하는 것은 물론이고

중생을 제도한다는 자비 서원도 있어야 합니다.
풍부한 학식소양이 있어야 하는 것은 물론이고
바른 견해와 바른 지식까지도 갖춰야 합니다.
바라옵건대 그들이 부처님의 발자취를 따라
근기를 살피시어 가르침 내리는 권교방편 지니게 해주시고
중생의 두려움 없애주는 용기 지닐 수 있게 해주옵소서.
자비롭고 위대하신 부처님!
그들은 부처님의 가르침을 널리 알리기 위해
고향을 등지고 먼 타향으로 온 이도 있고
누추한 행색으로 온갖 고생 다 하는 이도 있고
혈혈단신으로 사막 가로지르는 이도 있고
기아를 참고 견디며 험준한 산 오르는 이도 있습니다.
그들은 가르침을 알리기 위해
열악한 환경과 처지를 기꺼이 감내하고
그들은 중생 제도 위해
명예 훼손도 마음에 두지 않고 후회도 원망도 없습니다.
부루나존자*가 흉폭하고 미개한 이 바르게 이끈 것과 같이
목련존자*가 가르침을 위해 목숨 희생한 것과 같이
도안대사*가 불법 알리기 위해 동분서주한 것과 같이
백장선사*가 선문의 청규를 세운 것과 같이
그밖에 홍법이생을 실천하는 많은 선지식들은
불교를 위해 찬란한 한 페이지를 써 내려가고 있습니다.

대원경지

불광기원문

자비롭고 위대하신 부처님!
지금의 이 시대는
괴이한 학설이 난무하고 미신이 범람하고 있어
선지식들이 필요합니다.
부처님의 광명으로 어두컴컴한 모퉁이를 환히 비춰주시고
부처님의 법수로 중생의 죄업 깨끗이 씻어주옵소서.
자비롭고 위대하신 부처님!
그들이 신심의 질병에서 벗어나도록 가피해 주시길 바라옵니다.
그들이 장애와 난관 헤쳐 나가도록 가피해 주시길 바라옵니다.
부처님의 진리가 삼천대천세계에 널리 퍼지기를 기원하옵니다.
부처님의 가르침이 만억 국토에 널리 알려지기를 기원하옵니다.
자비롭고 위대하신 부처님!
저의 정성 어린 기원 받아주시기 바라옵니다.
저의 정성 어린 기원 받아주시기 바라옵니다.

＊**부루나존자**: 부처님의 십대제자 중 한 사람으로 의리義理에 밝고 설법을 통한 교화에 능해 '설법제일'이라 한다.

＊**목련존자**: 부처님의 십대제자 중 한 사람으로 인도 마가다국 사람이며 '신통제일'이라 한다.

＊**도안대사道安大師**: 동진 시대 승려로 당시까지 내려오던 격의불교格義佛教의 오류를 반성하고, 불교는 불교 자체의 입장에서 연구해야 한다고 주장, 불교사에 지대한 공헌을 남겼다.

＊**백장선사百丈禪師**: 당나라 때 승려이다. 「백장청규百丈淸規」를 제정하여 사찰 총림에서 봉행하게 하여 선종禪宗 역사에 커다란 공적을 남겼다.

대원 경지

불광기원문 035

경전과 법을 듣는 이를 위한 기원문

자비롭고 위대하신 부처님!
저는 경전과 법을 듣는 이를 위해 기원드리고자 하옵니다.
그들이 선열과 법희 얻도록 도와주시옵소서.
그들이 마음 열고 모든 걸 내려놓도록 도와주시옵소서.
저희는 부처님 가르침을
반드시 따라서 봉행하겠습니다.
저희는 부처님 진리를
이제부터 열심히 실천하겠습니다.
자비롭고 위대하신 부처님!
저희에게 감로의 법수 주옵소서.

저희에게 진리의 밝은 등 주옵소서.

저희에게 신심의 지팡이 주옵소서.

저희에게 해탈의 반야 주옵소서.

경법經法을 듣는 대중이 모두

부처님의 법의法義 실천할 수 있기를

부처님의 교회敎誨를 봉행할 수 있기를 기원합니다.

모두가

친족과 벗들에게 불법 전하여

함께 법희를 나눌 수 있길 희망합니다.

동료들에게 불법을 전하여

함께 법락 누릴 수 있길 희망합니다.

자비롭고 위대하신 부처님!

오늘날은

과학적으로 발전하고

물질적으로 풍부해졌지만

물욕은 넘쳐 나고, 인심은 물들어버렸으며

번뇌는 들끓고, 범죄는 날로 성행하고 있습니다.

모두 지내는 것이 자유롭지 않고

모두 지내는 것이 안전하지 않습니다.

위대하신 부처님께 바라옵니다.

저희가 인연과 과보 이해하도록 가피해 주시옵소서.

저희가 자비와 희사 발양하도록 가피해 주시옵소서.

저희가 오계와 십선 봉행하도록 가피해 주시옵소서.

저희가 육바라밀 실천하도록 가피해 주시옵소서.

저희는 듣는 이의 공덕을

법계 중생에게 회향하여

모두 무상의 보리 얻길 바라옵니다.

우리 국가가

올바른 정치로 국민화합과 국태민안 이루고

우리 경제가

발전 번영을 이루고 안정적 성장 해나가며

우리 국민이

편안하고 즐겁게 생활하며 뜻대로 복을 누리게 해주시옵소서.

자비롭고 위대하신 부처님!

지극한 정성으로 드리는 저의 기원 받아주옵소서.

지극한 정성으로 드리는 저의 기원 받아주옵소서.

대원 경지

불광기원문 036

사회대중을 위한 기원문

자비롭고 위대하신 부처님!
저희는 정성스런 마음으로 부처님께 귀의한 제자들입니다.
오늘 다양한 계층의 저희가 부처님 전에 하나로 모인 것은
기원드릴 것이 있기 때문입니다.
위대하신 부처님!
사람은 누구나 성불할 수 있다 합니다.
저희는 감히 그것까지는 바라지도 않습니다.
저희는 좋은 사람이 될 수 있으면 그것으로 족합니다.
우리에게 번뇌를 끊어버리라 합니다.
저희는 감히 도달하는 것까지는 바라지 않습니다.

저희는 번뇌를 줄일 수 있는 정도면 그것으로 족합니다.

자비롭고 위대하신 부처님!

부처님의 자비 광명 받아

노동자가 열심히 일하여

생산을 증가시킴으로서

국가를 위해 공헌할 수 있게 해주소서.

사업가가 연구 발전하여

높은 이윤 추구함으로서

대중에게 최고의 편리함 제공할 수 있게 해주소서.

교사들이 제자를 사랑하고 보호하여

훌륭한 인재 키워냄으로서

사회에 무궁한 희망 안겨줄 수 있게 해주소서.

부모가 자녀 자애롭게 대하며

성실하게 도리 지킴으로서

후손에게 훌륭한 본보기가 될 수 있게 해주소서.

부처님의 자비로운 보호 아래

사람이 저마다 삼귀의 준수하고 오계 봉행하게 하시고

사람이 저마다 악을 없애고 선을 행하는 데 진력하게 하시고

사람이 저마다 인과를 깊이 믿고 업장 참회하게 하시고

사람이 저마다 두루 선연 맺고 사회를 이롭게 하게 해주소서.

자비롭고 위대하신 부처님!

다양한 업종의 사람들이

불광기원문

부처님의 지혜로운 가호 아래
사람이 저마다 구업口業과 심업心業을 닦아
자신이 올바른 뒤 타인도 올바르게 인도할 수 있기를,
사람이 저마다 이웃과 화목하여
집안을 가지런히 하고 나라를 다스릴 수 있기를,
사람이 저마다 연기 진리를 깨달아
서로가 서로를 의지해 나갈 수 있기를,
사람이 저마다 팔정도의 가르침을 봉행하여
올바른 생활을 해나갈 수 있기를 바랍니다.
전 세계의 인류가
탐진치를 끊어 없애고 계정혜 성실히 구족하도록
가피를 내리시길 기원하옵니다.
모든 법계의 중생이
존중과 포용을 배우고 서로 다툼 없이 화합하도록
격려해 주시길 기원하옵니다.
자비롭고 위대하신 부처님!
저희의 지극하고도 정성 어린 기원 받아주옵소서.
저희의 지극하고도 정성 어린 기원 받아주옵소서.

대원 경지

불광기원문 037

국가의 복을 기원하는 기원문

자비롭고 위대하신 부처님!
제자는 지금 이 자리에서
지극한 정성으로 부처님의 가피에 감사드립니다.
우리의 국가가
교육을 널리 보급하게 해주셨고
우리의 국민이
소득을 높이게 해주셨고
우리의 과학기술이
나날이 발전하게 해주셨고
우리의 정치가

자유롭고 민주적이 되게 해주셨습니다.
자비롭고 위대하신 부처님!
저는 부처님께 진심어린 고백을 하려 합니다.
우리는 교육이 보편화되었지만
우리의 도덕은 땅에 떨어진 것처럼 보입니다.
우리의 소득은 올랐다지만
우리의 인심은 도리어 더욱 타락하였습니다.
우리의 과학기술은 발전하였지만
각종 공업으로 인해 오염은 더욱 만연합니다.
우리의 정치는 민주화를 이루었지만
사회는 오히려 더 술렁이고 불안합니다.
그러니
자비롭고 위대하신 부처님!
부처님의 가피를 기원하옵니다.
사회의 흉악하고 잔혹한 폭력을
화합과 환희로 돌려놓게 해주시고
사회의 무치無恥하며 음란함을
예의바르고 질서를 잘 지키게 해주시고
사회의 성냄과 시기 질투를
자비롭고 어질고 선하게 돌려놓아 주시고
사회의 삿된 지식과 견해를
바른 앎과 바른 견해로 돌려놓게 해주시옵소서.

불광기원문

자비롭고 위대하신 부처님!
부처님의 가호 기원하옵니다.
우리나라에 천재와 인재로 인한 재난 없어지고
영원토록 때맞춰 비가 오고 바람 고르게 불어
농사에 알맞도록 기후가 순조롭게 해주시옵소서.
우리의 정치가 뇌물과 탐욕으로 얼룩지지 않고
영원토록 깨끗하고 맑고 투명하게 해주시옵소서.
우리 민족이 분열과 갈등 없어지고
영원토록 나와 다른 이도 포용하게 해주시옵소서.
우리 사회에 전쟁과 폭력이 사라지고
영원토록 안정과 부강 누리게 해주시옵소서.
우리의 생활에 경제적 어려움이 사라지고
영원토록 의식주 풍부하게 누리게 해주시옵소서.
우리의 심신에 질병으로 인한 어려움이 사라지고
영원토록 건강하고 근심 없이 지내게 해주시옵소서.
자비롭고 위대하신 부처님!
국가를 위한 저의 기원 받아주시옵소서.
국가를 위한 저의 기원 받아주시옵소서.

대원 경지

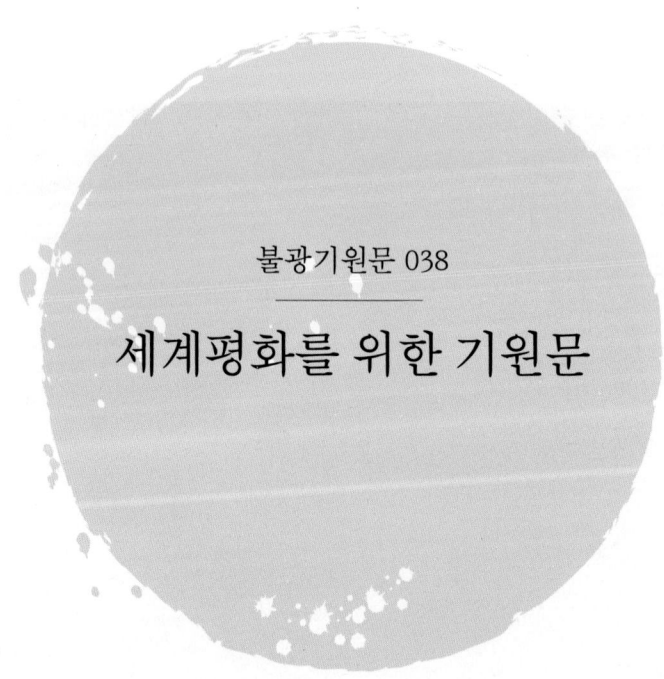

불광기원문 038

세계평화를 위한 기원문

자비롭고 위대하신 부처님!
저는 지금 경건한 마음으로 부처님 전에 꿇어 앉아
부처님께서 제 마음의 근심 들어주시길 바라옵니다.
나라 사이에 전쟁으로 인한 포성 울리고
사람 사이에 입과 혀에서 악독한 욕지거리 새어나오고
욕망 안의 거센 물줄기 세차게 출렁이고
종족 사이의 원한은 대를 이어 끊임없이 이어지고 있습니다.
제가 자세히 관찰해 보니
인간의 고뇌가 겹겹이 쌓인 것은
필경 아견我見, 인견人見, 중생견衆生見에서 말미암았음을 알게 되었습니다.
제가 차분히 생각해보니
세계의 변화무쌍한 성세는
사집私執, 법집法執, 인아집人我執에서 기인했음을
깨달았습니다.
인간 간의 파벌 다툼은 수많은 분쟁 일으켰고
종족 간의 차별과 학대는 수많은 재난 만들어냈고
종교 간의 배척과 탄압은 수많은 재앙과 환난 조성하였고
국가 간의 이익 다툼은 수많은 전란 야기하였습니다.
이러한 세간에서 생활하고 있는 저희는
매일 이 공포 속에서 자유로울 수 없고
매일 이 어수선함 속에서 편안할 수 없습니다.
자비롭고 위대하신 부처님!
부처님께 기원드리는 저의 소망에 귀기울여 주시옵소서.
이 세상에 시기와 질투는 사라지고
칭찬과 찬양만 있게 해주시고
성냄과 원망 사라지고
상서롭고 화목만 있게 해주시고
욕심과 욕망 사라지고
기쁜 보시만 있게 해주시고
해를 당하지 않고 뜻한 대로 이루게 해주시옵소서.
자비롭고 위대하신 부처님!

불광기원문

부처님께서는
마음과 부처와 중생은 하나요
너와 나와 타인은 일체 평등하다고 하셨습니다.
우리는 부처님 지혜를 배워
사람과 나 사이의 거리 더 가까이하려 합니다.
우리는 부처님의 무아 배워
중생들의 집착 끊어버리려 합니다.
우리는 부처님의 자비를 배워
국가 간의 전쟁 풀어내려 합니다.
우리는 부처님의 광명을 배워
세간의 어둠 밝게 비추고자 합니다.
자비롭고 위대하신 부처님!
지극한 정성으로 드리는 저의 기원 받아주시어
세계가 평화롭게 해주시옵소서.
중생이 편안하고 즐겁게 해주시옵소서.
자비롭고 위대하신 부처님!
정성 어린 저의 기원 받아주시옵소서.
정성 어린 저의 기원 받아주시옵소서.

대원 경지

불광기원문 039

자연생태계를 위한 기원문

자비롭고 위대하신 부처님!
우리가 살고 있는 지구가 심각한 병에 걸렸습니다.
이 대지의 어머니인 자연은 이미
꽃은 향기를 퍼뜨리지 않고, 새는 노래 부르지 않으며
산은 더 이상 멀리서 미소 짓지 않고
물은 더 이상 맑게 흘러가지 않습니다.
부처님이시여, 보시옵소서!
여기에서는 함부로 나무를 베어내어
대지의 머리카락은 싹둑싹둑 잘려져 민머리 되고,
저기에서는 배기가스 오염으로

산천의 아름다고 고운 얼굴이 더럽혀졌습니다.

우리의 천연자원은 날이 갈수록 줄어드니

미래의 우리 자손은 어떻게 생존해갈지 모르겠습니다

우리가 숨 쉬는 공기도 이미 혼탁해져

인체의 건강도 위협 받고 있습니다.

자비롭고 위대하신 부처님!

인류의 안眼·이耳·비鼻·설舌·신身 오근五根과

인류의 탐貪·진瞋·치痴·만慢·의疑 오독五毒은

머지않아 아름다운 지구를 훼손하고

머지않아 자연의 생태계를 와해시킬 것입니다.

자비롭고 위대하신 부처님!

우리와 우리의 다음 세대가

밤하늘에 별이 가득한 저녁 날에

반딧불과 함께 즐겁게 놀 수 있게 해주시옵소서.

파란 물결 일렁이는 해변의 모래사장에서

대자연과 함께 춤추며 노래할 수 있게 해주시옵소서.

하늘을 찌를 듯 거목의 무성한 그늘 아래에서

맑고 신선한 공기를 마음껏 마실 수 있게 해주시옵소서.

끝 간 데 없이 드넓게 펼쳐진 들판에서

만물이 다함께 성장할 수 있게 해주시옵소서.

저희에게 부드러운 손길 주시어

세간의 일체 유정한 것을 보듬어 위로할 수 있게 하시옵소서.

저희에게 자세히 들을 수 있는 귀를 주시어
대자연의 소리 마음껏 듣게 하시옵소서.
저희에게 밝게 빛나는 눈을 주시어
천지의 다함없는 보물을 발견하게 하시옵소서.
저희에게 자비로운 마음씨 주시어
지구 전체 생태계를 보호하게 하시옵소서.
자비롭고 위대하신 부처님!
저희는 대지가 다시 한 번 아름다운 얼굴 회복하게 힘쓸 것입니다.
저희는 자연이 장엄한 정토로 되돌아가도록 노력할 것입니다.
자비롭고 위대하신 부처님!
마음 깊은 곳에서 우러나오는 저의 기원 받아주시옵소서.
마음 깊은 곳에서 우러나오는 저의 기원 받아주시옵소서.

대원 경지

불광기원문

불광기원문 040.
지진 피해자를 위한 기원문

자비롭고 위대하신 부처님!
타이완에 지진이 발생하였습니다.
부처님께서는 고난당한 중생의 울부짖음 들으셨습니까?
부처님께서는 가까운 이를 잃은 고통의 몸부림 보셨습니까?
부처님이시여! 부처님이시여!
그것은 인간세상의 지옥에서 뿜어져 나온 통곡이었나이다.
그것은 사바세계의 재앙이 불러온 목소리였나이다.
자비롭고 위대하신 부처님!
그곳에서 산은 갈라지고 무너지고 집은 기울고 허물어졌습니다.
그곳에서

건물이 쓰러지고 사람이 죽는 목불인견의 지경이었습니다.
새난 지역에서 여전히 공포에 떨고 있는 사람이
얼마인지 모르겠습니다!
위험 지역에서 여전히 벗어나지 못하는 사람이
또 얼마인지 모르겠습니다!
하룻밤 사이에 골육이 천계와 인간계로 영원히 이별하고
찰나의 순간에 보금자리 사라지고 재물 모두 잃어버렸습니다.
그들은 구조대원이 빨리 도달하기를 얼마나 간절히 바라겠습니까?
그들은 부처님의 가피와 보호를 얼마나 간절히 바라겠습니까?
그들 중 누구는 불행하게도 재난을 당하였고
그들 중 누구는 불행하게도 상해를 입었습니다.
자비롭고 위대하신 부처님!
부처님의 가피를 기원하옵니다.
생존자는 재난을 없애주시고 전과 같이 건강하게 해주시옵소서.
망자는 불국토에 왕생하여 구품연화에 오르게 해주시옵소서.
자비롭고 위대하신 부처님!
현실의 집은 성주괴공成住壞空이 있나니
자신의 본성이야말로 영원히 안주할 수 있다는 것을
그들 모두 깨닫게 해주시옵소서.
골육이 지극히 가깝더라도 결국 죽음의 이별 순간이 오기 마련이니
깨우쳐 해탈에 이르는 것만이
궁극적인 의지처임을 그들 모두 이해하게 해주시옵소서.

대원경지

자비롭고 위대하신 부처님!
바라옵건대 겁난을 이겨내고 살아난 이들을 보호하시어
그들에게 다시 삶의 믿음 갖게 하시고
살아 있어야 희망이 있음을 그들이 알게 해주시옵소서.
그들에게 나아가려는 용기 주시어
생존이 곧 역량임을 그들이 이해하게 해주시옵소서.
자비롭고 위대하신 부처님!
그들을 보살펴 주시어 몸과 마음의 상처 벗어나
하루속히 평안 찾게 해주시옵소서.
비통한 감정에서 벗어나 괴로움이 즐거움으로 바뀌게 해주시옵소서.
다시 기운 차리고 집을 재건하는 것만이
망자에게는 커다란 위로 되고
자신에게는 최후의 성공 된다는 것을 그들이 알게 해주시옵소서.
우리는 이번의 재난상황이 더 확대되지 않기를
유사한 재해가 또다시 발생하지 않기를 기원하옵니다.
모든 민중 가피해 주시길 간절히 기원하오며
평소 반드시 방비를 철저히 해야 함을 저들이 모두 알게 해주시고
서로 협력하고 예방에 만전 기해야 함을 저들이 깨닫게 해주시옵소서.
자비롭고 위대하신 부처님!
지극한 정성으로 드리는 저의 기원 받아주시옵소서.
지극한 정성으로 드리는 저의 기원 받아주시옵소서.

대원 경지

불광기원문

願他·自在

복혜福慧와 자재自在

원하옵건대, 타인의 자재로움 기원합니다.

봄날 꽃향기 몰고 오는
바람 소리에 귀기울이옵니다

아침 햇살에 당신의
지극하고도 정성스런 약속 담겼으니
미소로 먹구름 맞이하며
인내심으로 햇빛 기다리며
역풍에도 자유로이 비상하기 기원하옵니다

불광기원문 041

정업正業을 행하지 않는 이를 위한 기원문

자비롭고 위대하신 부처님!
저는 부처님께 마음속 불만 하소연하려 하옵니다.
일부 정업을 실천하지 않는 자들이
사회와 가정의 화목 해치고 있기 때문입니다.
부처님이시여!
개미나 땅강아지처럼 작은 미물도
맡은 바 직분에 충실하고
시들어 말라버린 씨앗이라도
신성한 사명을 갖고 있습니다.
만물의 영장인 인류는

어째서 정당한 일을 하지 않는 것일까요?
어째서 원대한 포부를 가지지 않는 것일까요?
자비롭고 위대하신 부처님!
정업을 행하지 않는 이들은
총명하고 재치는 뛰어나지만
피땀 흘려 근면하게 일하길 원치 않습니다.
건강하고 완벽한 신체 가지고 있으면서도
노력하지 않고 얻은 뒤 그것을 누릴 생각만 하고 있습니다.
그들은 자신의 향락 위해서
정당하지 못한 직업에 종사하며
타인의 고생으로 거둬들인 재물 아낄 줄 모르고 취하고
타인의 고달픔으로 쌓은 이익 아낄 줄 모르고 손실 입힙니다.
자비롭고 위대하신 부처님!
그들은 어째서
타인의 고통을 밟고 서서 향락을 즐기는 것일까요?
그들은 어째서
타인의 몸과 마음에 더 해를 끼치는 것일까요?
자비롭고 위대하신 부처님!
정업에 종사하지 않는 이들의 뒤에
혹시 힘겹고 슬픈 과거가 있지는 않을까요?
정업에 종사하지 않는 이들의 마음에도
혹시 파란만장한 삶이 있는 것은 아닐까요?

부처님이시여!
사람은 저마다 불성이 있고
사람은 저마다 뉘우칠 줄 압니다.
그들은 결과를 놓고 문제를 해결하려는 잘못을 시정하고
원인에서부터 근본적으로 치유하는 방법을 찾아야 합니다.
정업에 종사하지 않는 이들이
부처님의 가피 아래
더 이상 자신을 타락시키지 않고,
더 이상 자신의 앞날 훼손하지 않길 바랍니다.
사회의 모든 구성원이
도덕과 용기 두루 갖춰
그들이 삿된 길에서 바른 길로 나아가도록
그들을 간곡하게 타이르기를 바랍니다.
가정의 모든 구성원이
자비로운 서원 마음에 담고
그들이 악을 버리고 선을 향하도록
그들을 차근차근 일깨우기를 바랍니다.
자비롭고 위대하신 부처님!
지극한 정성으로 드리는 저의 기원 받아주옵소서.
지극한 정성으로 드리는 저의 기원 받아주옵소서.

복혜와 자재

불광기원문 042

싸움을 좋아하는 이를 위한 기원문

자비롭고 위대하신 부처님!
부처님께서는 자비와 평화의 법음 펼쳐 인도하셨기에
오늘 저는 침울한 심정으로
부처님께 불평과 유감 하소연하려 하옵니다.
인류는 탐욕을 위해 다투기 좋아합니다.
인류는 성냄을 위해 다투기 좋아합니다.
인류는 사견邪見을 위해 다투기 좋아합니다.
호전적인 이들은
선량한 사람들에게 상처를 입히고
무고한 이들에게 피해를 끼칩니다.

그들은 전쟁을 일으켜 약한 자 침략하고
그들은 분쟁을 조성해 평화를 와해하고
그들은 이간질과 악한 말로 폭력을 심화합니다.
그들은 이익 쟁취하고자 사람을 공포로 몰아넣고
그들은 사납게 행패 부리며 사회 대중에게 해를 끼칩니다.
그렇지 않아도 여덟 가지 괴로움으로 들끓는 사바세계를
저들은 한 순간에 인간지옥으로 변모시켰습니다.
자비롭고 위대하신 부처님!
자신을 괴멸시키는 그 길이
싸움을 좋아했던 결과임을
후세의 사람들이 모두 알게 해주시옵소서.
형제 간의 반목으로 해를 받는 것은 부모이고
부부 간의 싸움으로 해를 받는 것은 자녀이고
동료 간의 경쟁으로 해를 받는 것은 상사이고
정부부처의 다툼으로 피해를 받는 것은 국가이고
양국의 공격으로 피해를 받는 것은 국민이고
마지막에 가장 큰 해를 입는 것은
누가 뭐래도 그들 자신임을
싸움을 좋아했던 이들이 이해하게 해주시옵소서.
자비롭고 위대하신 부처님!
부처님께서는
승부를 떠나면 다툼이 없어지고 스스로 편안하다 말씀하셨습니다.

관용으로 그들의 편협한 마음의 문 열고
지혜 광명으로 그들의 어두운 마음의 방 비추고
자비로 그들의 상처 입은 마음 한쪽 메우고
기쁜 보시로 그들의 탐욕스런 마음 한 조각 채워
호전적인 모든 이들 감화시켜 주시길 기원합니다.
오늘부터
전 세계의 사람이 부처님의 가르침 봉행하겠다 발원하고
한마음으로 협심하여 행복하고 아름다운 사회 창조하며
단결 협력하여 평화롭게 공존하는 인간세상 이룩토록
부처님의 가피를 기원하옵니다.
자비롭고 위대하신 부처님!
지극한 정성으로 올리는 저의 기원 받아주옵소서.
지극한 정성으로 올리는 저의 기원 받아주옵소서.

복
혜
와
자
재

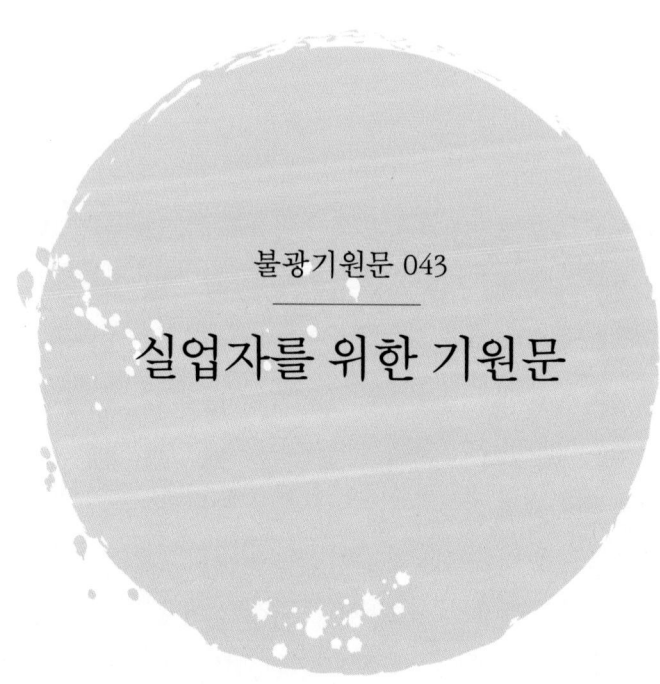

불광기원문 043
실업자를 위한 기원문

자비롭고 위대하신 부처님!
정성 어린 저의 기원에 귀기울여 들어주시옵소서.
세간은 수없이 많은 슬픔과 괴로움으로 가득 차 있지만
그중에서도 실업이 가장 갑갑한 일일 것입니다.
자비롭고 위대하신 부처님!
실업에는 각종 원인이 있을 수 있습니다.
회사의 경제적 여건으로 감원 당하는 이도 있고
적성에 맞지 않아 직장 그만두는 이도 있고
치열한 경쟁 속에서 기회 상실한 이도 있고
흥미가 없어서 직장에 사표를 낸 이도 있습니다.

그들은 지금 취업의 기회 기다리고 있습니다.
그들은 지금 관심 있는 선연 기다리고 있습니다.
실업자들은
재잘거리는 귀여운 자녀들을 볼 때면
근심이 불길처럼 솟구칩니다.
부양해야 할 가족들을 바라볼 때면
괴로움은 견딜 수가 없습니다.
그들의 심정은 칼로 도려내는 것 같고
그들의 생각은 엉킨 실타래 같습니다.
자비롭고 위대하신 부처님!
그들이 다시 기운 내 밝은 희망을 가지도록
그들이 다시 당당하게 새롭게 출발하도록
그들이 고용주의 칭찬 받을 수 있도록
그들이 자신이 가진 장점 발휘할 수 있도록
실업자들을 가피해 주시옵소서.
그들이 홀로 일어서려는 근성 지녔지만
세간의 형세가 인간을 능가한다는 것을 알게 해주시옵소서.
그들이 더 높은 이상을 가지고 있더라도
매사 신중하게 찬찬히 계획해 나아가야 함을 알게 해주시옵소서.
자비롭고 위대하신 부처님!
실업은 결코 부끄러운 것이 아니며
무지야말로 슬픈 것이라는 것을

실업을 한 세상의 모든 이들이 알도록 해주시옵소서.
자비롭고 위대하신 부처님!
실업은 자신을 되돌아볼 수 있게 해주고
실업은 휴식을 취할 수 있게 해주고
실업은 자아를 충실히 하게 해주고
실업은 의지를 연마하게 해준다는 것을
세상의 모든 실업을 한 이들이 이해하게 해주시옵소서.
또한 세상의 실업한 이의 모든 가족이
실업자에게 믿음을 주고 격려해 주며
실업자에게 부드러운 말로 위로해 주기를 기원합니다.
실업자가 순조롭게 직장을 찾기를 희망합니다.
실업자가 나아갈 방향을 찾기를 희망합니다.
자비롭고 위대하신 부처님!
제가 드리는 정성스런 기원 받아주시옵소서.
제가 드리는 정성스런 기원 받아주시옵소서.

복혜와 자재

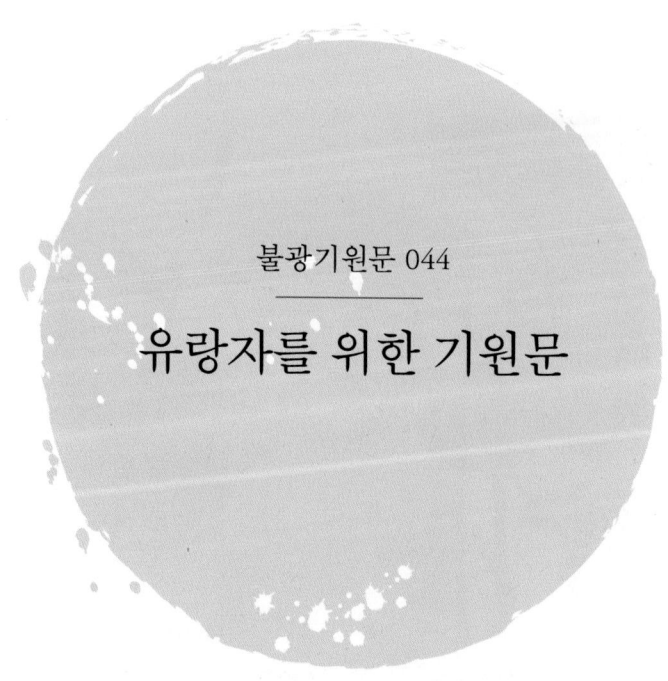

불광기원문 044

유랑자를 위한 기원문

자비롭고 위대하신 부처님!
저는 오늘 침통한 심정으로 부처님께 말씀드리려 하옵니다.
현대사회가
과학기술은 발전하고 의식衣食이 충분할지라도
도처에 유랑자들이 의지할 곳 없이
여전히 떠돌고 있습니다.
그들의 옷은 헤져 남루하기 이를 데 없고
머리는 다듬은 적조차 없으며
길거리를 자신의 집으로 삼고
구걸로 생계를 유지하고 있습니다.

그들의 눈동자에는 희망이라고는 찾아볼 수 없고
그들의 얼굴에는 먼지만이 가득합니다.
자비롭고 위대하신 부처님!
이러한 유랑자들 가엾이 여기시어
그들이 건전한 신심 가지게 도와주시고
그들이 장차 희망의 등불 밝히게 도와주시옵소서.
그들이 정당한 직업 찾게 해주시고
그들이 행복한 인생 누리게 해주시옵소서.
유랑자들 모두 불쌍하게 여기시어
그들이 분발하려는 의지 가지게 도와주시고
그들이 훌륭한 선연 가지게 도와주시고
그들이 은혜에 감사하고 복을 아낄 줄 알게 해주시고
그들이 적극적으로 노력하여야 함을 알게 해주시옵소서.
자비롭고 위대하신 부처님!
이 세상에서
육체적으로 유랑하는 사람 외에도
마음이 떠나간 유랑자도 있사옵니다.
그들의 탐욕은 끝이 없고 쉼 없이 요구합니다.
그들의 마음은 편안하지 못하고 멈출 줄 모릅니다.
부처님께 기원드리오니
마음을 잡지 못하는 함정에서 구해 주시고
그들이 사실에 근거하여 진리를 찾는 실사구시를 이해하고

불광기원문

그들이 기쁜 마음으로 남을 돕는
희사의 정신을 알게 해주시옵소서.
자비롭고 위대하신 부처님!
불법으로 그들을 인도해 주시어
그들이 자신을 도와야 남을 도울 수 있음 알게 해주시옵소서.
그들에게 굳건한 인내심 내려주시어
그들이 자신이 일어서야
스스로 강해질 수 있음 알게 해주시옵소서.
자비롭고 위대하신 부처님!
더욱 간절히 기원하옵니다.
세상의 유랑자들 가피하시어
모두가 신심을 안주할 가정을 찾게 하시고
모두가 건강하고 평탄한 대로 걷게 해주시옵소서.
자비롭고 위대하신 부처님!
지극한 정성으로 드리는 저의 기원 받아주시옵소서.
지극한 정성으로 드리는 저의 기원 받아주시옵소서.

복혜와 자재

불광기원문 045

집과 나라를 잃은 이를 위한 기원문

자비롭고 위대하신 부처님!
이제 제 마음속 비통함 하소연하고자 하오니 허락해 주시옵소서.
우리가 편안하고 즐거운 생활 누리는 때에도
세간의 어느 한 모퉁이에서는
집과 나라를 잃은 수많은 이들이
고통스럽고 슬픈 나날 보내고 있습니다.
어떤 이는 나라와 집을 잃고 의지할 곳 없이 떠돌고
어떤 이는 전쟁의 불길 탓에 정든 고향 떠나오고
어떤 이는 정치적 요인으로 망명길에 올라야 하고
어떤 이는 삶을 도모할 방편으로 밀입국을 선택하기도 합니다.

그들은 원천을 잃어버린 물줄기와 같습니다.
그들은 뿌리를 잃어버린 꽃가지와 같습니다.
그들은 고국의 풍토와 인정 가슴에 품었습니다.
그들은 고향의 부모와 형제 가슴에 담았습니다.
자비롭고 위대하신 부처님!
이와 같이 집과 나라 잃은 이들 가엾이 여기시어
그들이 안전을 보장받고
자유로운 삶 누리게 해주시옵소서.
두 팔 벌려 그들에게 도움 보태줄
누군가가 나타나길 희망합니다.
자비를 베풀어 그들의 상처와 아픔을 위로해줄
누군가 나타나길 기원합니다.
더욱 간절히 부처님께 기원하옵니다.
그들에게 훌륭한 인연 내려주시고
그들에게 지금의 곤경 없애주시옵소서.
자비롭고 위대하신 부처님!
집과 나라를 잃은 또 다른 이들이 있습니다.
그들 가운데는 가정을 버리고 가족을 내팽개친 이도 있습니다.
그들 가운데는 나라를 팔아 영달을 꾀하고
사직에 해를 끼친 이도 있습니다.
부처님의 가피로
그들이 마음의 감옥에서 초월할 수 있게 해주시고

그들이 새사람이 되어 정도를 걷게 해주시옵소서.

자비롭고 위대하신 부처님!

부처님의 가피와 보호로

집과 나라를 잃은 이들 모두

부처님의 나라에 안주토록 해주시옵소서.

부처님의 불국정토는

오염되고 더러움은 없고 환경이 맑고 깨끗합니다.

인아의 시비는 없고 권속이 화목합니다.

원수와 다툼은 없고 서로 도우며 우애 있게 지냅니다.

힘겹고 고통스러운 생활은 없고 편안하고 즐거우며 만족합니다.

계급적인 차별은 없고 덕으로 감화시키니 평화만 있습니다.

유랑으로 고통 받는 이는 없고 환희로운 법려法侶만 있습니다.

자비롭고 위대하신 부처님!

지극한 정성으로 드리는 저의 기원 받아주시옵소서.

지극한 정성으로 드리는 저의 기원 받아주시옵소서.

복혜와 자재

불광기원문 046

폭력적인 사람들을 위한 기원문

자비롭고 위대하신 부처님!
무거운 심정으로 드리는 제자의 마음 소리에 귀기울여 주시옵소서.
피를 부르는 폭력사건이
우리의 주위에서 끊임없이 발생하고 있습니다.
난폭하고 어리석은 행위가
우리 생활에서 끊임없이 이어지고 있습니다.
원래 자애로웠던 부모가
일순간의 분노를 참지 못해 자식을 학대합니다.
순진했던 소년이
일시적인 시기와 원망으로 친구를 살해합니다.

사랑했던 부부가
일시적인 말다툼으로 서로를 구타합니다.
효성스러웠던 자녀가
일시적인 어리석음으로 부모를 살해합니다.
자비롭고 위대하신 부처님!
이러한 폭력행위들은!
가증스럽기도 하지만 한편으로는 가엾기도 합니다.
그 이유는
원망은 이미 자신의 선념善念을 가득 흐려놓았고
증오는 이미 자신의 두 눈 꼭꼭 가렸고
성냄은 이미 자신의 행위 좌지우지하고
번뇌는 이미 자신의 마음에 가득 찼습니다.
자비롭고 위대하신 부처님!
저희는 부처님의 가피를 기원하옵니다.
부처님의 자비로 그들의 생각 위로해 주시고
부처님의 지혜로 그들의 두 눈 활짝 열어 주시고
부처님의 은정과 도의로 그들의 행동 돌려놓으시고
부처님의 환희로 그들의 심성 해방시켜 주시옵소서.
존중해야 진정한 우정 나눌 수 있음을
저들이 알게 해주시옵소서.
인내야말로 용감한 자의 가장 아름다운 행동임을
저들이 이해하게 해주시옵소서.

부처님이시여!
모든 구성원에게는 사회를 정화하는 책무가 놓여 있음을
저희는 잘 알고 있습니다.
우리는 환희라는 씨앗을 뿌리고자 합니다.
모두가 이제부터
폭력적인 행동이 사라지길 희망합니다.
모두가 이제부터
의심과 시기의 악습 없애길 희망합니다.
자비롭고 위대하신 부처님!
부처님의 가피로 저희가
폭력의 그늘에서 벗어날 수 있게 해주시고
부처님의 자비심 삼매 배울 수 있게 해주시옵소서.
인간 세상에 부드러운 분위기 넘쳐나게 해주시고
인간 세상에 선량한 풍토 충만하게 해주시옵소서.
자비롭고 위대하신 부처님!
지극한 정성으로 드리는 저의 기원 받아주시옵소서.
지극한 정성으로 드리는 저의 기원 받아주시옵소서.

복혜와 자재

불광기원문 047

빈곤으로 고통 받는 사람들을 위한 기원문

자비롭고 위대하신 부처님!
제자가 기원드리는 이 마음의 소리에 귀기울여 주시기 바라옵니다.
세계에는 불행을 당해 의지할 데 없는
빈곤한 이가 수없이 많습니다.
그들은 하루 세 끼조차 먹지 못하고, 입을 옷조차 부족합니다.
누구는 전염병에 걸리고
누구는 유랑자 신세가 되었습니다.
자비롭고 위대하신 부처님!
빈곤한 사람이라고 반드시 구제를 갈구하는 것은 아닙니다.
그들에게 가장 필요한 것은 삶의 존엄입니다.

빈곤한 사람이라고 반드시 보호해 주기를 기다리는 것은 아닙니다.
그들에게 가장 필요한 것은 생활의 자주권입니다.
빈곤한 이들도 일단 기회가 생기면
사업을 일으키고 성공할 수 있습니다.
빈곤한 이들도 인연이 있으면
위대한 인물이 될 수도 있습니다.
부처님이시여! 빈곤한 모든 이를 가피하시어
그들이 나태하지 않고 더 높은 목표 향해 나아가고
그들이 영원히 물러남이 없이 정진하고 분발케 해주시옵소서.
저의 삶에서 만일 조금의 여력이라도 있다면
저는 빈곤한 이들을 도와
그들이 어린 나이에 생을 마감하지 않게 하고 싶습니다.
저는 고아와 홀로 된 이를 도와주어
세간에는 아직도 인연 있는 사람이 있음을 알게 하고 싶습니다.
자비롭고 위대하신 부처님!
사회에는 아직도 또 다른 종류의 가난한 사람이 있습니다.
그들은 재산이 가득하면서도 인색해 나누려 하지 않습니다.
그들은 재산을 쌓아놓고서도 더 많은 재산 만들려 합니다.
그들은 명리의 노예가 되어 먹어도 그 맛을 모릅니다.
그들은 탐욕의 가축이 되어 환희를 상실했습니다.
그들을 '부유한 가난뱅이'라 부릅니다.
그들 마음속의 괴로움 말로 다할 수 없고

그들 생명은 이미 빛도 열기도 없습니다.
자비롭고 위대하신 부처님!
부처님의 가피로
그들이 신심의 고통을 안락함으로 바꾸게 해주시고
그들이 생명의 공무空無를 진실로 바꾸게 해주시옵소서.
미래의 세계에는
물질적으로 부족하지 않고
모두가 마음의 부자가 되길 기원하옵니다.
빈곤의 고통이 없고
모두가 자유로운 주인이 되길 기원하옵니다.
자비롭고 위대하신 부처님!
지극한 정성으로 드리는 저의 기원 받아주시기 바라옵니다.
지극한 정성으로 드리는 저의 기원 받아주시기 바라옵니다.

복혜와 자재

불광기원문

불광기원문 048

길을 잘못 든 이를 위한 기원문

자비롭고 위대하신 부처님!
저는 진심 어린 하소연을 하고자 합니다.
우리의 세계는 무한한 유혹으로 가득 차 있고
우리의 눈앞에는 끝없는 시험 마주하고 있습니다.
보시옵소서!
누구는 유혹을 이기지 못해 자아를 상실하고
누구는 시험을 견디지 못해 이리저리 휘둘리고
누구는 갈팡질팡하다 방향을 상실해버리고
누구는 선택이 신중하지 못해 아득한 골짜기로 떨어집니다.
그들은 물욕物慾의 홍수에서 허우적대지만

빠져나올 힘이 없습니다.
그들은 죄악의 깊은 늪에 빠졌건만
벗어날 방법이 없습니다.
배움이 싫다고 집을 나가 거리 배회하는 이가 있고
하늘을 원망하며 자포자기하는 이가 있고
무리지어 다니면서 폭력을 일삼는 이가 있고
가족과 친구에게 창피하게 구설수 오르내리는 이도 있습니다.
자비롭고 위대하신 부처님!
길을 잘못 든 이들을 가엾이 여기시어
그들이 서둘러 마음 다잡게 하시고
그들이 참회하고 고치게 하시고
그들이 책임을 지도록 하시고
그들이 새 사람으로 거듭나게 해주시길 기원하옵니다.
자비롭고 위대하신 부처님!
그들 가운데는 패거리를 만든 이도 있고
그들 가운데는 도박에 자신을 판 이도 있고
그들 가운데는 마약으로 생활하는 이도 있고
그들 가운데는 사기와 도둑질 하는 이도 있습니다.
자비롭고 위대하신 부처님!
'방탕한 자식이 잘못을 뉘우치는 것은
금을 주고도 바꾸지 않을 만큼 소중하다'는 말이 있습니다.
우리는 그들이 각성하기를 간절히 바랍니다.

불광기원문

우리는 그들이 되돌아 나오기를 간절히 바랍니다.
가축을 잡아 생활하는 백정일지라도
도축하던 칼을 내려놓으면 즉시 부처가 된다고 하였습니다.
악행만 일삼던 나찰*도
회개하였기에 운명을 바꿀 수 있었습니다.
살인마왕이라는 앙굴리말라* 역시
지난 행동을 참회하였기에 아라한과의 위를 얻었습니다.
무서운 검객이었던 미야모토 무사시(宮本武藏) 또한
정도로 돌아섰기에 한 시대의 검성으로 불리며 추앙받고 있습니다.
자비롭고 위대하신 부처님!
당신의 커다란 보호로
길을 잘못 든 저들이
서둘러 되돌아 나오게 하시고
길을 잘못 든 저들이
바른 길을 향해 갈 수 있게 해주시길 기원하옵니다.
자비롭고 위대하신 부처님!
지극한 정성으로 드리는 저의 기원 받아주시기 바라옵니다.
지극한 정성으로 드리는 저의 기원 받아주시기 바라옵니다.

---

* **나찰**羅刹: 아주 폭력적이고 힘이 센 악귀. 후에 불교의 수호신이 되었다.
* **앙굴리말라**: 삿된 스승의 말을 믿고 천 명을 살해하는 큰 죄를 지었지만, 부처님의 설법을 듣고 지난 잘못을 참회하여 깨달음을 얻었다.

복
혜
와
자
재

불광기원문 049

수형자를 위한 기원문

자비롭고 위대하신 부처님!
제자는 수형된 세상의 모든 이를 위해
부처님 전에 기원하옵니다.
우리가 사는 사회의 한편에는
빛도 들지 않는 어둡고 그늘진 구석이 존재합니다.
그들은 감옥에 갇힌 수형자입니다.
그들은 겹겹이 둘러쳐진 쇠창살 창문 아래에서
가정의 따뜻함을 누릴 수도 없고
하염없이 긴 밤을 처량하게 보낼 뿐입니다.
그들은 경비가 삼엄한 감방 안에서

가족의 따뜻한 위로 누릴 수도 없고
차갑고 시린 감시 받고 있을 뿐입니다.
그들은 높은 담장과 쇠그물의 울타리 아래에서
사회의 관심 얻을 수도 없고
도와주는 사람 없이 실망만 하고 있을 뿐입니다.
그들은 한 줄 한 줄의 쇠사슬에서
인격의 존중은 받을 수도 없고
힘겨운 굴욕 받고 있을 뿐입니다.
그들은 의지할 데 없는 부평초가
고해에서 이리저리 표류하고 있는 것과 같습니다.
그들은 폭풍우 속의 나그네가
어두운 밤 이리저리 휘청대며 걸어가는 것과 같습니다.
자비롭고 위대하신 부처님!
그들이 정말로 잘못 저질렀다면
법률적인 제제 받는 것은 당연합니다.
그러나 무고 당해
억울한 옥살이를 하는 이도 있습니다.
가벼운 죄를 저질렀으면서도 중형 받은 사람도 있을 것입니다.
그들을 격려해 주시고
그들에게 힘을 주시어
그들이 더 이상 지난 잘못 되풀이하지 않고
그들이 다시는 자포자기하지 않게 해주시옵소서.

자비롭고 위대하신 부처님!

모든 수형자들이

지난날을 교훈으로 삼아

증오가 일어날 때 자비의 씨앗 뿌리게 하고

원망이 일어날 때 너그러이 이해하게 하고

의심이 일어날 때 믿음의 역량 키우게 하고

실망이 일어날 때 내일의 희망 일깨우게 도와주시옵소서.

자비롭고 위대하신 부처님!

그들에게 반성과 참회의 기회 주시어

그들이 하루빨리 닫혀 있는 감옥에서 나오게 해주시옵소서.

그들에게 새사람이 될 인연 주시어

그들이 하루빨리 고통의 족쇄를 풀게 해주시옵소서.

수형자가 속죄의 대가를 치렀을 때

사회대중의 용서를 얻을 수 있게 해주시옵소서.

우리는 지난 과오 고쳐 새로 태어난 그들의 용기를 칭송할 것이며

우리는 지난 과오 뉘우친 그들의 모범적 모습을 칭찬할 것입니다.

자비롭고 위대하신 부처님!

지극한 정성으로 드리는 저의 기원 받아주시기 바라옵니다.

지극한 정성으로 드리는 저의 기원 받아주시기 바라옵니다.

복
혜
와
자
재

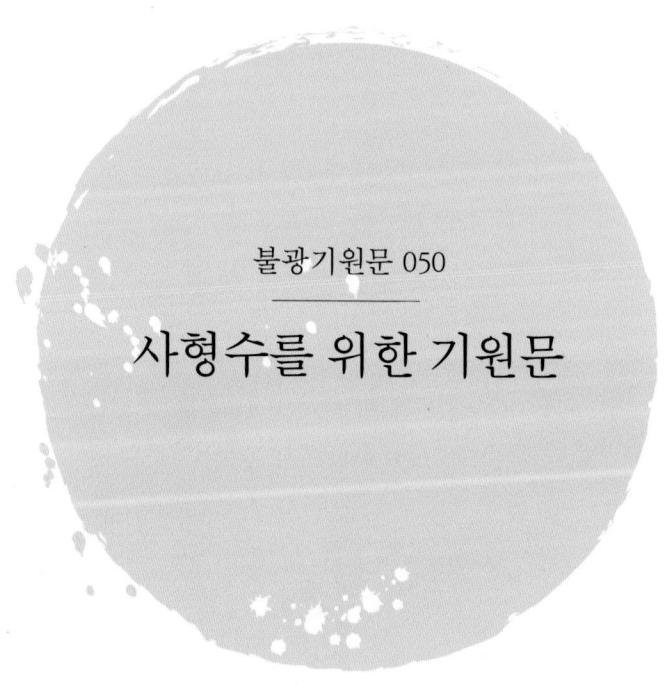

불광기원문 050

사형수를 위한 기원문

자비롭고 위대하신 부처님!
부처님께서는 차가운 철창 속 사형수의
참회와 탄식을 들어보셨을 것입니다.
부처님께서는 족쇄를 차고 어두운 복도를
걸어가는 사형수를 보셨을 것입니다.
다른 수형자들은 집으로 돌아갈 날만 손꼽아 세고 있지만
그들은 형 집행 날만 기다리고 있습니다.
다른 수형자들은 앞으로 펼쳐질 아름다운 내일을 상상하지만
그들은 시간을 거꾸로 되돌릴 수 있기만 희망하고 있습니다.
부처님의 가피로

인과가 서로 이어져 있음을 저들이 알게 하시고
오늘의 뼈아픈 교훈을 통해
저들에게 영원한 깨달음 주어
지난날의 무거운 죄업 조금이나마 씻도록 해주시옵소서.
그들 가운데는
심각한 범죄사건의 주인공도 있지만
누군가의 죄를 대신 받고 있는 어린 양도 있습니다.
전과가 수없이 많은 상습범이 있는가 하면
처음 법망에 걸려든 수형자들도 있습니다.
부처님의 관심으로
억울한 자가 없이 사법부에서
사건을 공정하게 판결하도록 해주시옵소서.
자비롭고 위대하신 부처님!
사형수들 역시 천진스러운 어린 시절 보냈었지만
아쉽게도 나아가던 중 방향을 잃어버렸습니다.
사형수들 역시 남을 돕겠다는 선념을 가졌었지만
안타깝게도 악함 속에서 의지가 약해졌습니다.
그들이 족쇄와 수갑을
신심 단련의 도구로 삼아
자신의 육근을 잘 지키길 바랍니다.
그들이 높은 담벼락을
반성과 요양의 병풍으로 보고

내재된 무형의 보물 잘 인식하길 바랍니다.
그들이 진심으로 참회하며
가족과 국민의 용서 얻을 수 있길 희망합니다.
그들이 직접 겪은 경험이
사회와 대중에게 교육이 될 수 있길 희망합니다.
자비롭고 위대하신 부처님!
미래의 사회는
범죄자도 없고 아픈 자도 없고
괴로움과 어려움에서 구하겠다는
선념을 가진 사람만 있기를 기원하옵니다.
미래의 세계는
해를 끼치는 자도 없고 해를 받는 자도 없고
영원히 불퇴전하는 인간보살만 있기를 기원하옵니다.
자비롭고 위대하신 부처님!
지극한 정성으로 드리는 저의 기원 받아주시옵소서.
지극한 정성으로 드리는 저의 기원 받아주시옵소서.

복혜와 자재

불광기원문

願他·自在

고락苦樂의 깨달음

원하옵건대, 타인의 자재로움을 기원합니다.

생명은 단단한 씨앗과 같아
꽃이 떨어지면 열매가 열리고
나고 사라짐 끝이 없어라

생명은 면면히 흐르는 물과 같아
법음은 맑게 끊임없이 흘러가리라

불광기원문 051
병문안 기원문

자비롭고 위대하신 부처님!
고난에서 구하여 주시는 관세음보살님!
오늘 이 자리에서 저희는 두 분께 드릴 말씀이 있습니다.
제자 ○○○가 지금 병을 얻어
부처님의 가피와 보호 간절히 기원하고 있사옵니다.
세간의 득실은 모두 앞선 원인이 있고
인생의 고락은 모두 인연에서 기인되었음을
저희는 잘 알고 있습니다.
오늘 그(녀)의 병문안을 온 저희는
그가 축복을 받게 되기를 바랍니다.

그가 괴로움 여의고 즐거움 얻길 바랍니다.
그는 병상에 누워 있지만
저희는 정성스럽고 간절한 마음으로
그를 대신해 부처님께 큰 절 올리고자 합니다.
그를 대신해 부처님께 참회 드리고자 합니다.
기원하건대 위대하신 부처님이시여!
대자대비하신 관세음보살님이시여!
당신의 자비와 위신의 힘으로 그를 보호하시어
그가 생겨난 뒤부터의 업장 소멸해 주시고
그의 사대가 조화롭지 못한 고통 가볍게 해주시고
그의 색신이 병마의 족쇄에서 벗어나도록 해주시고
그의 마음이 낙관적인 태도를 유지하도록 해주시옵소서.
반야般若와 신용神勇으로 그를 가피하시어
그가 마주할 미래에 대한 자신감 배양하고
그가 나아질 힘을 증가하도록 분발하게 해주시옵소서.
법신은 병으로 인한 번뇌가 터럭만큼도 없음을 알게 하시고
진심은 구름 한 조각도 오염되지 않음을 이해하게 해주시옵소서.
자비롭고 위대하신 부처님!
제자 ○○○는 부처님의 가르침 가운데서
무릇 모든 일에는 인연이 있고
무릇 모든 일에는 전정前定이 있음을
이미 깨달았습니다.

신체에 병이 들기는 했지만
그 누구도 원망하거나 탓하지 않고
괴로워하거나 탄식하지도 않습니다.
마음에 괴로움은 있지만
여전히 기꺼운 마음으로 받아들이고
병을 벗 삼아 지냅니다.
위대하신 부처님!
제자 ○○○가
신체는 이제부터 하루 속히 회복되고
마음은 이제부터 편안하고 자유로우며
생활은 이제부터 번뇌가 줄어들고
가정은 이제부터 화목하고 원만하게 해주시길
부처님의 자비와 가피를 바라옵니다.
자비롭고 위대하신 부처님!
고난에서 구하여 주시는 관세음보살님!
저희들의 기원을 자비롭게 받아주시길 간절히 원하옵니다.
저희들의 기원을 자비롭게 받아주시길 간절히 원하옵니다.

고락의 깨달음

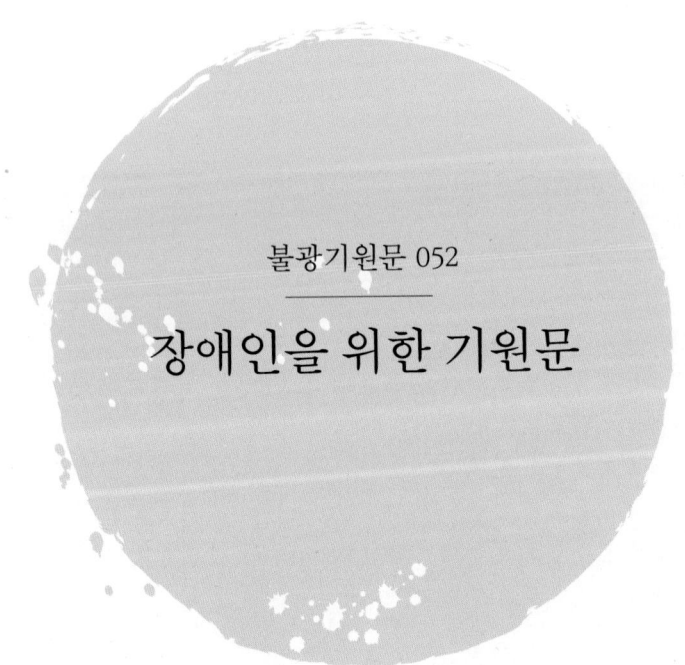

불광기원문 052

장애인을 위한 기원문

자비롭고 위대하신 부처님!
제자는 오늘 무거운 심정으로 부처님께 말씀드리고자 합니다.
부처님이 가엾이 여기고 사랑하시는 중생 가운데
고난 속에서 생활하고 있는 사람이 많습니다.
부처님이 깨닫고 가르치셨던 인간 세상에는
절망 속에서 울부짖고 있는 사람이 많습니다.
그들 가운데 누구는 노老·병病·사死 시달림을 받고
그들 가운데 누구는 탐貪·진瞋·치痴 상해를 받고 있습니다.
더욱 심각한 것은
누군가는 두 눈을 실명하여

이처럼 아름다운 세계를 볼 수 없다는 것이고,
누군가는 두 귀를 잃어버려
부처님의 설법 소리를 들을 수 없다는 것입니다.
얼굴이 망가진 사람도 있고
사지가 온전하지 못한 사람도 있고
정신이 정상적이지 못한 사람도 있고
지적 능력이 부족한 사람도 있습니다.
그들이 큰 소리로
하늘을 불러도 하늘은 대답이 없고
그들이 소리쳐
땅을 불러보아도 땅도 소용이 없습니다.
심지어 친했던 벗 역시도 멀어져 버리고
심지어 선한 인연의 도움도 충분하지 않습니다.
오로지 부처님께 기원드릴 뿐입니다.
질병이 있는 이는 건강하게 회복시켜 주시고
회복할 수 없는 이라면
그들의 고통이 줄어들 수 있기를 바라옵니다.
장애를 입은 이는 건강하게 회복시켜 주시고
건강을 회복할 수 없는 이에게는
그들의 고난이 더 깊어지지 않기를 바라옵니다.
자비롭고 위대하신 부처님!
사바娑婆는 고해苦海요, 삼계三界는 화택火宅이라

인생은 안락한 국토를 찾을 수 없고
인생은 귀속될 방향을 찾을 수 없습니다.
오로지 부처님께서만이!
고해에서 구해주시는 자애로운 선장이시고
어두운 밤을 밝히시는 밝은 등불이십니다.
부처님이시여!
당신만이 고난에 처한 중생의 자부慈父이시고
당신만이 방황하는 중생의 스승이십니다.
부처님의 거대한 신력으로
삼계구지三界九地의 중생이 두루 가피를 입길 바라옵니다.
부처님의 자비와 위덕으로
신심의 장애를 입은 중생이 두루 가피를 받길 바라옵니다.
자비롭고 위대하신 부처님!
저희를 고난에서 구하시어 인도해 주시옵소서.
자비롭고 위대하신 부처님!
저희를 고난에서 구하시어 인도해 주시옵소서.

고락의 깨달음

불광기원문 053

의지할 곳 없는 이를 위한 기원문

자비롭고 위대하신 부처님!
"홀로 즐기는 것보다 다함께 즐거운 것이 낫다"는 말이 있습니다.
많은 환과고독(鰥寡孤獨; 홀아비, 과부, 고아, 독거노인)들이
이미 이 말에 담긴 뜻을 깊이 체감하고 있습니다.
그들 가운데는
생활 속 의지처를 잃은 이도 있고
생존의 의미마저 잃은 이도 있고
용기를 잃고 의기소침한 이도 있고
심지어 쓰러져 다시 일어서지 못하는 이도 있습니다.
아, 부처님이시여!

모든 홀아비, 과부, 고아, 독거노인이
더욱 굳건한 용기 갖추어 비통함을 역량으로 바꾸고
가족을 잃은 그림자 벗어날 수 있게 가피해 주시옵소서.
낙관적인 믿음 다시 일으켜 번뇌를 보리로 바꾸고
편안하고 조용한 미래 맞이할 수 있게 가피해 주시옵소서.
자비롭고 위대하신 부처님!
이 세간에 가족도 친구도 아니면서
가족처럼 지내는 사람이 있음을 부처님께서는 아실 것입니다.
포숙아鮑叔牙와 관중管仲이 환난을 함께 지낸 것이 그것이고
좌광두左光斗와 사가법史可法이 부자의 정을 나눈 것이 그것입니다.
지엄대사*는 나병 환자의 고름을 입으로 빨았고
법우대사*는 가뭄에 살을 베어 배고픈 이를 구했습니다.
그들의 선행은 인정의 등불을 밝게 빛냈고
그들의 품행은 온정의 한 장을 장식했습니다.
자비롭고 위대하신 부처님!
고해의 사바세계 안에 많은 이들이
가족이 집 밖에서 집을 찾게 하고 권속이 마음이 상해 멀어지게 합니다.
집에는 환한 웃음이 사라졌고 마음에는 불안만이 가득하옵니다.
부처님께서 저들을 가피해 주시어
가족과 권속은 자신의 좋은 인연이고
인륜과 가족애는 자기 가정의 묘목임을

그들이 이해하게 해주시옵소서.
자비롭고 위대하신 부처님!
부처님께서도 아버지의 관을 직접 짊어지고
천상에서 어머니에게 설법하셨습니다.
부처님께서도 병자를 위해 직접 약을 달이고
눈먼 이를 위해 옷을 꿰매주셨습니다.
부처님께서는 또한 제자를 위해 목욕수발을 하셨으며
심지어 임종 시에도
괴롭고 힘든 걸 마다 않고 수발타라*에게 설법해 주셨습니다.
저희는 부처님이 남기신 가르침을 실천하겠노라 발원하오며
일체의 중생을 가족이자 반려자로 여기겠으며
모든 은원을 도를 함께 닦는 법우로 바꾸겠습니다.
세상의 보살은 모두 어머니의 자매로 여기고
세상의 거사는 모두 아버지의 형제로 삼겠습니다.
자비롭고 위대하신 부처님!
지극한 정성으로 드리는 저의 기원 받아주시옵소서.
지극한 정성으로 드리는 저의 기원 받아주시옵소서.

---

* **지엄대사智嚴大師**: 당나라 강소 지역 사람으로 지혜와 용맹을 두루 갖췄다. 우두산牛頭山에 들어 법융선사法融禪師에게서 깨달음을 얻었다.

* **법우대사法遇大師**: 진晉나라 때 스님으로, 도안법사道安法師를 스승으로 삼았다. 절에 술을 마신 승려가 있자, 자신을 책망하며 회초리를 치게 하니, 존경해 마지않는 이가 없었다.

---
* **수발타라**: 석가모니 부처님의 마지막 제자이며, 이때 그의 나이 120세였다.

불광기원문 054

난치병 환자를 위한 기원문

자비롭고 위대하신 부처님!
저희는 절망 속에 부르짖는 소리 들을 때가 있었습니다.
"왜 하필 나에게 이런 불치병을!"
이것은 세상에서 가장 답답한 질문일 것입니다.
이것은 세상에서 가장 슬픈 탄식일 것입니다.
부처님이시여!
자신이 불치의 병 걸렸다는 것을 알았을 때
그것은 법관의 사형판결을 듣는 것과 같습니다.
일순간
자신의 신체가 고해에서 언제고 뒤집어질 위험을 안은

구멍 난 조각배처럼 생각되어집니다.
자신의 마음이 앞으로 나아가려는 의지를 잃어버린
바람 새는 타이어처럼 느껴지게 됩니다.
자신의 생명이 방향도 모른 채 하늘을 떠도는
끈 끊어진 연처럼 느껴지게 됩니다.
자신의 미래가 조율이 안 된 거문고처럼
악보대로 연주해 나갈 수 없다고 느껴지게 됩니다.
자비롭고 위대하신 부처님!
불치병 환자는 임박한 죽음의 공포에 떨고 있고
병의 고통에 시달림 당할 것을 더욱 두려워합니다.
병고에 의한 괴로움은
환자를 갉아먹을 뿐만 아니라
간병하는 가족의 마음까지도 짓밟아버리기 때문입니다.
이때부터 따스했던 가정은 근심이 가득하게 되고
이때부터 즐거웠던 인생은 괴로움의 바다가 됩니다.
자비롭고 위대하신 부처님!
불치병 환자를 지극히 가엾게 여기시어
그들에게 고통의 시달림을 줄여 주시고
그들에게 강인한 인내심을 주시고
그들에게 생존의 의지 불어넣어 주시고
그들에게 낙관적인 생각 일으켜 주십시오.
부처님, 보십시오!

늦가을 남은 잎사귀도 아름다운 자태로 춤추고
초원의 이슬방울도 아름다운 빛을 뿜냅니다.
부처님께서 환자들을 가피해 주시어
그들이 모두
생명의 존엄은 늙고 젊음에 있지 않고
그것에 대한 인간의 생각에 있음을 알게 해주시옵소서.
생명의 의의는 길고 짧음에 있지 않고
그것에 대한 인간의 본보기에 있음을 알게 해주시옵소서.
자비롭고 위대하신 부처님!
법수로 환자의 근심을 씻어내 주시어
자신이 질병을 보여 설법*하는 보살이고
자신이 연화녀*가 현신한 성자임을
그들이 또한 모두 알게 해주시옵소서.
자비롭고 위대하신 부처님!
지극한 정성으로 드리는 저의 기원 받아주시옵소서.
지극한 정성으로 드리는 저의 기원 받아주시옵소서.

---

* 『유마경維摩經』에 이르길, 유마거사가 자신의 병에 대해 "중생의 병이 곧 나의 병"이라고 하였다.
* **연화녀**: 자포자기한 적이 있지만 부처님께 귀의한 뒤 열심히 수행하여, 비구니 가운데 신족제일神足第一이라 불렸다.

고락의 깨달음

불광기원문 055

극락왕생을 위한 기원문

자비롭고 위대하신 부처님!
오늘 망자 ○○○거사(보살)는 세간의 인연이 이미 다하여
인연이 모아져 이루어진 이 색신을 버렸사옵니다.
부처님께 바라옵니다.
청정하고 자재로운 불국토로 그를 인도하시어
그가 모든 고뇌 없이
모든 즐거움만 받도록 해주시옵소서.
그가 불성을 깨닫고 부처님을 뵙고
불승佛乘을 보고 듣게 해주시옵소서.
지금, 그의 가득한 자손과 가까운 친구들이

엄숙하게 부처님 전에 서 있습니다.

부치님께서 아끼시고 보듬어 주시길 기다리고 있습니다.

부처님께서 맞이하여 이끌어 주시길 기다리고 있습니다.

위대하신 부처님이시여!

망자 ○○○ 거사(보살)는

부처님에 대한 신앙이 누구보다 두터웠습니다.

누구보다 열심히 사회 공공복지사업에 앞장섰고

자비롭고 다정하게 대중을 대했습니다.

가정을 위해서 그는 근면 성실하게 일했습니다.

친구를 위해서 그는 할 수 있는 바를 다 했습니다.

그는 자애로운 아버지이자 효성스런 자식이었습니다.

그는 형제 간에 우애가 돈독하였습니다.

타인을 존중하고 타인과 화합할 줄 알았습니다.

가정을 유지하고 사업을 번창시킨 사람이었습니다.

지금 이 순간 저희는 망자 ○○○ 거사(보살)에게 또한 권하옵니다.

모든 인연 다 내려놓으시고

편안한 마음으로 돌아갈 곳으로 돌아가소서.

그대는 항상 아미타불 따르며 상품의 연꽃에 오르소서.

불법승을 염불하고 계정혜를 닦으소서.

다른 날 인연이 되면

어진 이께서 원력 타고 다시 오시길 희망합니다.

다른 날 인연이 되면

보리심을 내어 보살도 실천하길 희망합니다.

부처님께서 인도하시어

연꽃나라에 들어가시어 모든 즐거움 누리시길 바랍니다.

무생인無生忍 깨달아 불퇴전 얻길 바랍니다.

앞으로 다시는 악도에 떨어져 고난 받지 마시고

앞으로 다시는 악인의 핍박 받지 마시고

앞으로 다시는 남녀 간의 애정 얽매이지 마시고

앞으로 다시는 경제적인 궁핍 고뇌하지 마십시오.

그곳에는 칠보행수七寶行樹와 팔공덕수八功德水가 있고

그곳에는 모든 훌륭한 보살들이 한 곳에 모여 있습니다.

편안하게 고이 잠드십시오!

혹은 원력을 타고 다시 오시옵소서.

우리 모두

다할 수 없는 슬픔을 독경과 염불로 대신하겠습니다.

다할 수 없는 추억을 축복과 감사로 대신하겠습니다.

이와 같은 기원을

위대하신 부처님께서 가엾이 여기시어 받아주시길 청하옵니다.

위대하신 부처님께서 가엾이 여기시어 받아주시길 청하옵니다.

고락의 깨달음

불광기원문 056

망자와 유가족을 위한 기원문

자비롭고 위대하신 부처님!
저희는 오늘 부처님 전에 모여
○○○ 거사(보살) 영가의 천도재를 봉행코자 하옵니다.
저희는 오늘 ○○○ 거사(보살) 영가가
불국정토에 태어나길 기원하며
유가족이 지나치게 상심하지 말길 기원합니다.
부처님께서 자비와 위신력으로
그들에게 끊기 어려운 애착의 고리 없애주시고
그들에게 해탈과 자유의 가피 내려주시옵소서.
자비롭고 위대하신 부처님!

부처님께서는 저희에게

태어난 자는 누구나 죽고

만남이 있으면 반드시 헤어짐이 있으며

어떠한 것도 가져가지 못하지만

오직 업장만이 몸 따라간다는 가르침 주셨습니다.

살아 있는 우리 역시 깨달아야 합니다.

생명이 오고감은

앞 땔나무가 타면 뒤의 땔나무에 불이 옮겨 타는 것과 같고

생사의 변환은 더 좋은 곳으로 이사 가는 것과 같습니다.

출생은 아직 태어나지도 않았는데 축하할 것이 뭐가 있겠습니까?

죽음은 아직 죽지도 않았는데 슬퍼할 것이 뭐가 있겠습니까?

가장 중요한 것은

우리는 빛과 열을 발산하여 세간을 비추어야 하고

우리는 할 수 있는 바를 다하여 중생을 보호해야 하는 것입니다.

자비롭고 위대하신 부처님!

이 생명의 한 주기 속에서

○○○ 거사(보살) 영가의 생명의 빛은

이미 우리들에게 향기 가득한 꽃과 과일이 되었고

이미 세간에는 아름다운 추억으로 남았습니다.

자비롭고 위대하신 부처님!

부처님께서 가피해 주시어

자비의 온풍으로 권속의 눈물 마르게 하시고

지혜의 태양으로 생명의 참의미 비춰 주시옵소서.

모두가 ○○○ 거사(보살) 영가의

주옥같은 유언 깊이 새기게 하시고

모두가 ○○○ 거사(보살) 영가의

선한 마음과 공덕 찬탄토록 해주시옵소서.

그의 생명 빛이 미래로까지 이어지고

그의 생명 정원이 끊임없이 번성하게 해주소서.

저는 이제 ○○○ 거사(보살) 영가에게 권하고자 하오니

세간 인연 다하여 아미타불께서 마중 오셨으니

이 생에서 하실 일은 다 마치셨습니다.

그러니 곧바로 극락정토에 왕생하시거나

원력을 타고 다시 오십시오.

당신의 가정은 제불보살의 보살핌을 받을 것이오며

그대의 가족은 삼보 용천龍天의 보호 얻을 것입니다.

자비롭고 위대하신 부처님!

간절히 기원하옵니다.

산 자와 돌아가신 영가 모두 편안 얻게 해주시고

산 자와 돌아가신 영가 모두 귀속 얻게 해주시옵소서.

자비롭고 위대하신 부처님!

지극한 정성으로 드리는 저의 기원 받아주시옵소서.

지극한 정성으로 드리는 저의 기원 받아주시옵소서.

고락의 깨달음

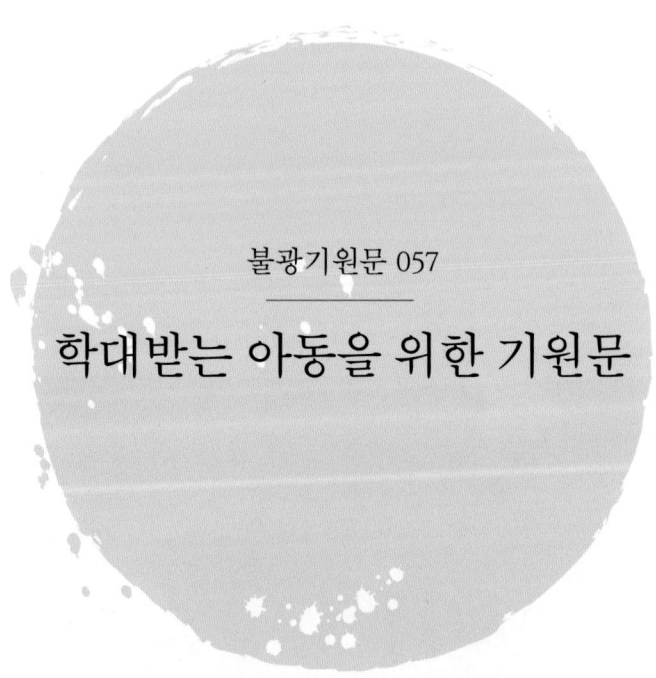

불광기원문 057

학대받는 아동을 위한 기원문

자비롭고 위대하신 부처님!
세간의 아동 가엾이 여겨주시길 바라옵니다.
세간의 아이 보호해 주시길 바라옵니다.
적지 않은 아동이 악독한 채찍질 당하고 있고
적지 않은 아동이 폭력이란 상처 받고 있기 때문입니다.
그들은 모욕과 치욕 속에서 벗어나지 못하고
그들은 도움의 손길 없이 하루가 1년 같은 날을 보내고 있습니다.
자비롭고 위대하신 부처님!
아동은 장차 국가의 주인이요
아동은 장차 인간의 희망입니다.

우리는 내 아이를 사랑하듯 남의 아이 사랑하는
정신을 발휘해야 합니다.
우리는 나의 부모 모시듯 남의 부모 모시는
마음을 가져야 합니다.
부처님께서 아동 하나하나 살펴주시어
빈곤한 아동 편안하고 즐겁게 해주시고
굶주리는 아동 따뜻하고 배부르게 해주시고
외로운 아동 따뜻한 관심을 받게 해주시고
괴로운 아동 행복을 얻게 해주시길 바랍니다.
모든 아이의 어린 시절이
하늘에 찬란히 빛나는 별들로 가득 차게 해주시옵소서.
모든 아이의 어린 시절이
정원에 향기로운 꽃송이들로 넘쳐나게 해주시옵소서.
자애롭고 위대하신 부처님!
세상 모든 아동의 여린 마음속에
눈물 없이 잠들기를 기원합니다.
세상 모든 아이의 사악함이 없는 생각 속에
존엄을 가진 어린 시절이 있기를 기원합니다.
자비롭고 위대하신 부처님!
어른들의 우악스럽고 거친 태도가
자비롭고 부드럽게 바뀌기를 기원합니다.
어른들의 현명하지 못한 질책이

맑게 갠 따사로운 햇살로 바뀌기를 기원합니다.

세간의 모든 아동이

푸르른 산과 강물 품에서 뛰어놀며

마음껏 즐거워하고

드넓게 배울 수 있게 해주시옵소서.

세간의 모든 아동이

밝고도 즐거움 가득한 세계에 머물게 해주시고

모든 아동이 선재동자*처럼

53 선지식 얻을 기회를 주시옵소서.

모든 아동이 묘혜동녀*처럼

커다란 지혜를 표출할 수 있게 해주시옵소서.

자비롭고 위대하신 부처님!

지극한 정성으로 드리는 저희 기원 받아주시옵소서.

지극한 정성으로 드리는 저희 기원 받아주시옵소서.

---

* **선재善財동자**: 출생 시에 갖가지 진귀한 보배가 저절로 솟아나 선재라 이름 지었다. 문수보살의 가르침을 받아, 깨달음을 얻기 위해 여러 나라를 두루 여행한다.

* **묘혜妙慧동녀**: 왕사성 장자의 딸이다. 갓 8세의 나이에 반야의 지극히 깊은 공성空性을 깨달았다.

고락의 깨달음

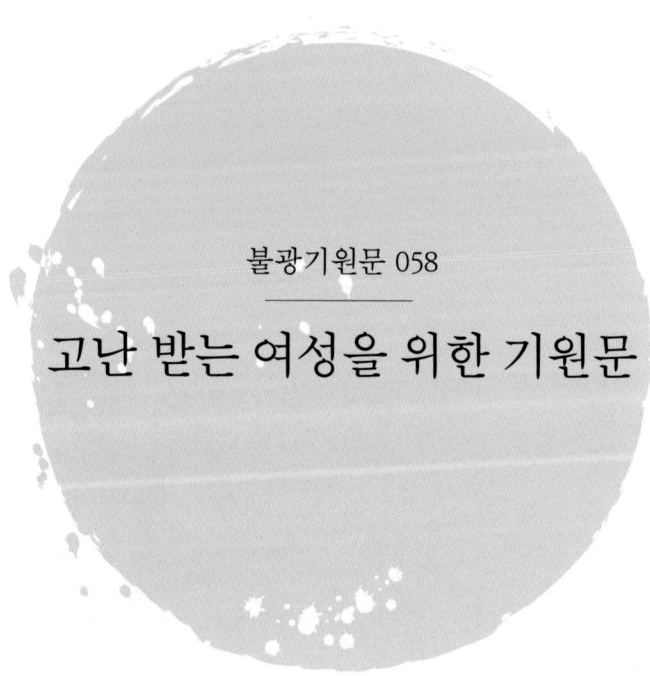

불광기원문 058
고난 받는 여성을 위한 기원문

자비롭고 위대하신 부처님!
종족의 견디기 어려운 차별
빈곤과 비천함의 슬픔 등
사람으로 태어난 것이 크나큰 불행이라고
저는 부처님께 말씀드리고 싶습니다.
특히 여자로 태어나
어려서는 부모의 엄격한 통제를 받다
어른 되어 고된 시집살이 이어가고
늙어선 자녀와 헤어져 지내야 하는 슬픔이 있습니다.
자비롭고 위대하신 부처님!

자비롭고 지혜로운 부처님의 두 눈 활짝 열어주시옵소서.
나약하고 도움 받지 못하는 그들의 모습 보아주시옵소서.
부처님이시여!
중생은 평등하다는 훌륭한 가르침 설하시어
여성이 괴롭힘으로 흘리는 눈물 그치게 해주시옵소서.
부처님이시여!
위대하신 법력의 신통함 펼쳐주시어
여성의 불평 가득한 원망 무너뜨려 주시옵소서.
자비롭고 위대하신 부처님!
바라옵건대 여성들을 인도하시어
흐느끼던 긴 밤 건너게 해주시고
상심하던 나날들 지나가게 해주시옵소서.
날개를 펼치고 나비 되는 애벌레 같이 말입니다.
이슬을 머금고 향기 뿌리는 연꽃 같이 말입니다.
자비롭고 위대하신 부처님!
괴로움에 시달리는 모든 여성들에게 복을 내려주시고
그녀들이 제불보살의 보호 받게 해주시고
그녀들이 인간세상의 온정 얻게 해주시고
그녀들이 신앙을 통한 의지처 얻게 하시고
그녀들이 마음의 자유 얻게 해주시옵소서.
부처님이시여! 자비롭고 위대하신 부처님!
세간의 남성이

우월감 멀리 여의고

거만함 멀리 여의고

여성에게 더 이상 폭력을 쓰지 않고

여성을 더 이상 업신여기지 않길 기원하옵니다.

자비롭고 위대하신 부처님!

여성들이 마음의 정토 다시 세우도록

용기를 내려주시옵소서.

여성들이 인간의 실상 분명히 알게

지혜를 내려주시옵소서.

그들이 청량한 감로수 받게 해주시고

그들이 따스한 부처님의 광명 품게 해주시고

그들이 기쁨의 부드러운 바람 듬뿍 맞게 해주시고

그들이 자유라는 공기 호흡하게 해주시옵소서.

자비롭고 위대하신 부처님!

정성 어린 마음으로 간곡히 드리는 저의 소망 받아주시옵소서.

정성 어린 마음으로 간곡히 드리는 저의 소망 받아주시옵소서.

고락의 깨달음

불광기원문 059

재난 소멸 기원문

자비롭고 위대하신 부처님!
우리의 세상은
죄악으로 가득한 세계이고
우리의 인생은
고난의 연속이었습니다.
박해가 도처에 가득하고
재난의 위험 도처에 퍼져 있습니다.
수화풍水火風 세 가지 재해는 일어나지 않는 날 없으며
방화와 살인, 강도 팔난八難은 매일 발생하고 있으며
지옥과 악귀, 축생은 인간에 두루 가득 차 있사옵고

탐욕과 성냄, 어리석음과 원망은 도처에서 횡행하고 있습니다.
이쪽에서는 인질극 소리 들려오는데
저쪽에서는 또 다시 전쟁의 소식 늘려옵니다.
사회는 이미 가족이 가족 같지 않고
벗을 벗이라 할 수 없는 지경까지 이르렀습니다.
신원회복을 못하고 억울하게 옥살이하는 사연 얼마나 많겠습니까!
사라지지 않을 설움 간직한 사연은 또 얼마나 많겠습니까!
동업하려는 이는 누군가에게 속임을 당하고
투자하려는 이는 누군가에게 사기를 당합니다.
인간세상 어디에나
기만과 사기가 들끓고 있음을 우리는 느낄 수 있습니다.
그 무엇도 할 수 없는 무기력함 속에서
오로지 부처님께 기도드릴 뿐입니다.
우리가 부처님의 안인安忍으로
세간의 불평 부당함을 고르게 하도록 해주시옵소서.
우리가 부처님의 자비로
폭력적인 행위를 바르게 이끌게 해주시옵소서.
우리가 부처님의 계법으로
자아의 몸과 마음을 건전하게 하도록 해주시옵소서.
우리가 부처님의 선정으로
자신을 안주케 하는 역량 되게 해주시옵소서.
부처님께 기원하오니, 지금부터

제가 악한 이 만나면 악한 이에게 선념善念 생겨나고
제가 전쟁 만나면 칼과 병사에게 자비심 생겨나고
날씨가 건조하면 하늘에서 감로수 내리게 해주시고
폭풍우 속에서 조속히 정상적인 날씨 되게 해주시옵소서.
우리가 보는 것 모두 아름다운 세계이게 하시고
우리가 듣는 것 모두 아름다운 음성이게 하시고
우리가 말하는 것 모두 아름다운 언어이게 하시고
우리가 하는 것 모두 아름다운 일이게 해주시옵소서.
자비롭고 위대하신 부처님!
저는 일심으로 부처님께 기원하옵니다.
앞으로의 세계는
삼재三災가 사라지고 팔난八難이 일어나지 않게 해주시옵소서.
모든 중생에게
오온五蘊이 사라지고 만고萬苦가 생겨나지 않게 해주시옵소서.
위대하신 부처님!
지극한 정성으로 드리는 저의 기원 받아주시옵소서.
지극한 정성으로 드리는 저의 기원 받아주시옵소서.

고락의 깨달음

불광기원문 060

임종 기원문

자비롭고 위대하신 부처님!
제가 병이 들었습니다.
병에 걸린 지도 오래되었고 병세도 심각합니다.
위대하신 부처님께 기원하옵니다.
제 생명의 마지막 순간이 오면
세간의 인연 다했음을 스스로 알 것이고
더 이상 마음에 걸리는 것도 없습니다.
오로지 부처님께서 저를 보호하시고 가피해 주시어
제가 더 이상 친한 벗 그리워하지 아니하고
제가 더 이상 몸과 마음 집착하지 아니하고

또한 제가 더 이상 지난날 후회하지 아니하고
또한 제가 더 이상 헛되이 미래 욕심 부리지 않게 하옵소서.
자비롭고 위대하신 부처님!
잘 흐르던 저의 호흡이 천천히 느려질 때
잘 뛰던 저의 맥박이 완만하게 약해질 때
저의 눈과 귀, 코와 혀가 그 기능을 멈출 때
저의 신체기관이 더 이상 활동하지 않을 때
저는 먼 곳을 여행하고 돌아오는 여행자처럼
금빛 연꽃에 올라타고
광명의 극락정토로 돌아갈 것입니다.
자비롭고 위대하신 부처님!
저는 저의 모든 골수와 혈액을
하늘에 돌려주고 대지에 넘겨주어
대자연의 순환 따라 훈풍과 영양분 되어
해마다 만물 성장시키길 원하옵니다.
저는 저의 마음과 생각 전부를
대중에게 나누고 타인에게 나누어
불법승 주위에 바치며
꽃향기 되어 시시때때로 시방세계 공양하려 합니다.
저를 원망했던 사람이 저의 축복 얻게 하시고
저를 아껴줬던 사람이 저의 평온 누리게 해주시옵소서.
자비롭고 위대하신 부처님!

저는 드디어 깨달았습니다.
생명은 단단한 씨앗 같이
꽃이 떨어지면 열매 열리고 생겨나고 사라짐 끝이 없습니다.
생명은 졸졸 흐르는 물과 같이
법음 맑게맑게 흘러가며 끊임없이 이어집니다.
이 순간, 저는 그저 짧은 작별을 고하옵니다.
제불보살 제상선인 인도로
미래의 생명이
원력을 타고 다시 오는 기회와 인연 얻길 바라옵니다.
저는 또한 더 넓은 인자함과 더 깊은 지혜 배우고 싶습니다.
자비롭고 위대하신 부처님!
속세의 인연 다 되고, 세간의 인연 다 마쳤으니
부처님 광명으로 인도하여 정토에 나게 해주시옵소서.
부처님께 간구하옵니다.
제 생명의 마지막 순간에
제가 더 이상 미련 두지 않고
더 이상 두렵지 않게 해주시옵소서.
여행자가 집으로 돌아가는 것과 같은 기쁨 주시고
수감자가 석방되는 것과 같은 자유 주시고
낙엽이 뿌리로 돌아가는 것과 같은 자연스러움 주시고
공산의 둥근 달과 같은 밝고 깨끗함 주시옵소서.
자비롭고 위대하신 부처님!

지극한 정성으로 드리는 저의 기원 받아주시옵소서.
지극한 정성으로 드리는 저의 기원 받아주시옵소서.

고락의 깨달음

願衆・圓滿

환희와 융화

원하옵건대, 중생의 원만을 기원합니다.

두 눈을 감고 중생의 마음속 희망
귀기울여 듣사옵니다

슬픔 멀리하고 즐거움 채워
인간세상 두루두루 곳곳마다
사랑의 빛 뿌리오길 기원하옵니다

불광기원문 061

국군 장병을 위한 기원문

자비롭고 위대하신 부처님!
전쟁의 북소리 둥둥 울려 퍼지고 포탄이 쾅쾅 터지니
어떤 곳에서는 전쟁이 끊이지 않고
다른 곳에서는 전운이 짙게 감돌고 있사옵니다.
끊임없는 전쟁 속에
어떤 곳은 피가 강을 이루었고
어떤 곳은 초토화 되었습니다.
많은 국민 도탄에 빠지고
많은 난민 갈 곳 없이 헤매고
많은 가정 파탄 나고

많은 부모 자식 이별하였습니다.
자비롭고 위대하신 부처님!
인간세상에서 생명만큼 소중한 것은 없습니다.
그러나 이 전쟁으로 인해
얼마나 많은 생명의 불씨 꺼졌사옵니까?
얼마나 많은 생명의 빛 어둡게 했사옵니까?
위대하신 부처님이시여!
나라를 수호하고 국민을 보호하기 위해
우리 공군은 미사일 공격의 위험 무릅쓰고 있습니다.
우리 해군은 사나운 파도 속에서 적함과 마주하고 있습니다.
우리 육군은 전쟁터가 될지 모르는 곳에서 분투하고 있습니다.
그들은 밤낮없이 철통 경계 태세를 갖추고
위험도 아랑곳하지 않고 죽음 넘나들며
그들의 고귀한 생명 바쳐
국가의 영토를 수호합니다.
자비롭고 위대하신 부처님!
부처님의 커다란 가피로
우리의 전사들이
지피지기하여 위험에서 벗어나기를 바라옵니다.
병법을 잘 활용하여 정의를 세우길 바라옵니다.
자비와 지혜 두루 운영하여 승리 쟁취하기 바라옵니다.
어질고 용맹하여 싸우지 않고 이기기 바라옵니다.

불광기원문

두려움 없는 강인한 정신으로
국가의 방패와 철옹성 되길 바라옵니다.
커다란 자비와 용기로
국민의 의지처 되길 바라옵니다.
자비롭고 위대하신 부처님!
우리 건아 지켜주시어
순국위험 벗어나고, 질병고뇌 벗어나고
재해액난 벗어나고, 역병전염 벗어나고
굳건히 나라 지켜, 무사귀환케 해주시옵소서.
자비롭고 위대하신 부처님!
우리들의 기원 받아주시기 바라옵니다.
우리들의 기원 받아주시기 바라옵니다.

환희와 용화

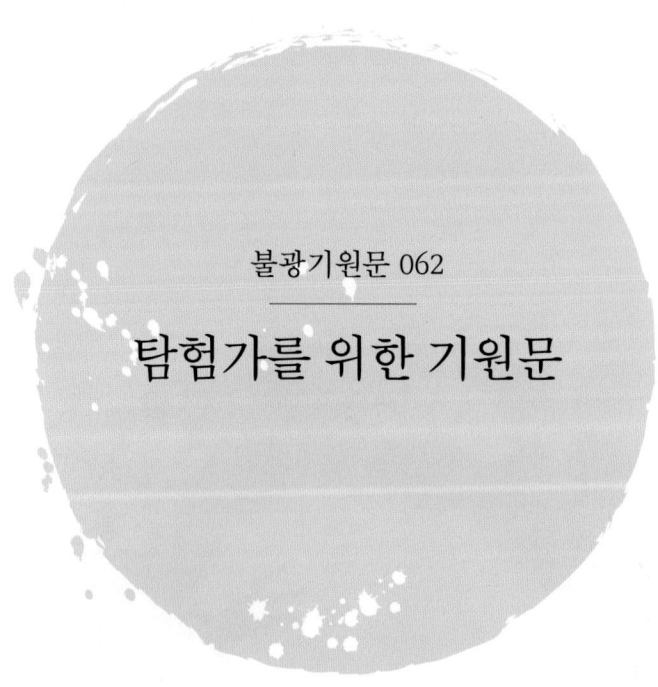

불광기원문 062

탐험가를 위한 기원문

자비롭고 위대하신 부처님!
저의 기원에 귀기울여 주시옵소서.
이 세간에는
매우 지혜롭고 어질고 용맹한 이가 있습니다.
그들 가운데는 전 인류의 이익을 위해
깊은 바다에서 보물을 찾는 이도 있고
사막에서 유전을 탐사하는 이도 있고
광야에서 유적을 발굴하는 이도 있고
높은 산에서 기연을 찾는 이도 있습니다.
그들은 사회대중의 복지를 위해

생명의 위험을 무릅쓰고

더 많은 자원 찾으려는 생각뿐입니다.

그렇지만 부처님이시여!

그 수많은 위대한 탐험가들 중에는

저 심해 속에서 목숨 잃은 이도 있고

자욱한 황사에 묻혀 목숨 잃은 이도 있고

호랑이와 늑대의 밥이 된 이도 있고

아득히 높은 산에서 재난을 당한 이도 있습니다.

부처님, 깊은 바다에서 탐험하는 그들을 보십시오.

때로는 집채만한 파도 속에 뒹굴고

때로는 험악한 소용돌이 속에 몸부림칩니다.

부처님, 광야를 탐험하는 그들을 보십시오.

때로는 가시줄기에 온몸이 찔리고

때로는 바위와 나뭇가지에 쓰러지기도 합니다.

부처님, 황량한 사막 탐험하는 그들을 보십시오.

때로는 언제 그칠지 모를 자욱한 황사 속에 갇히고

때로는 앞이 보이지 않는 먼지 속에서 방향을 잃어버립니다.

부처님, 고산 지역에서 탐험하는 그들을 보십시오.

때로는 깎아지른 절벽에서 오도가도 못하고

때로는 높이 솟은 산봉우리에서 길을 찾지 못합니다.

자비롭고 위대하신 부처님!

이 탐험가들이 안전하게 집으로 돌아가

가족과 함께 보낼 수 있게 해주시길 바라옵니다.
자비롭고 위대하신 부처님!
이처럼 위대한 탐험가들을 대할 때면
제 자신이 보잘것없게 느껴집니다.
저는 그저 우물 안 개구리처럼
제 자신의 생명 위해 존재해 왔습니다.
자비롭고 위대하신 부처님!
이제 부처님 전에 기원드리오니
제가 험악함을 겪어도 영원히 위축되지 않길 원하옵니다.
제가 고난을 만나도 영원히 낙심하지 않길 원하옵니다.
제가 모든 순간
탐험가와 마찬가지로 용맹하게 탐구해 나가길 원하옵니다.
제가 모든 순간
탐험가와 마찬가지로 용맹하게 단련해 나가길 원하옵니다.
자비롭고 위대하신 부처님!
진심어린 저의 기원 받아주시기 바라옵니다.
진심어린 저의 기원 받아주시기 바라옵니다.

불광기원문 063

환경미화원을 위한 기원문

자비롭고 위대하신 부처님!
인생의 다양한 직업, 직종 가운데
우리가 가장 감사해야 될 분은 환경미화원입니다.
그들은 매일 태양보다도 먼저 일어나고
그들은 매일 자명종보다도 더 정확합니다.
그들의 일은 더럽고 어지러운 것들과 싸우는 것이고
그들의 임무는 사람들에게 깨끗함 보여주는 것입니다.
자비롭고 위대하신 부처님!
매일 새벽이면
그들이 쓱쓱 비질하는 소리 들을 수 있습니다.

어둠이 깔리면

또 먼지와 땀으로 뒤범벅 된 그들 볼 수 있습니다.

그들은 어두운 밤도, 더위와 추위도 두려워하지 않습니다.

그들은 더러움도 마다하지 않고, 악취도 개의치 않습니다.

한 구역 한 구역 사람들이 버린 쓰레기를 주워 담고

한 곳 한 곳 도로와 골목을 누비며 깨끗이 청소합니다.

그들은 질병의 전염 두려워 않고

그들은 업무가 과중되어도 두려워 않습니다.

매일 아침 사람들이 대문 열었을 때

깨끗한 공기를 맡을 수 있기를 바라고

깨끗한 도로를 볼 수 있기를 바랄 뿐입니다.

자비롭고 위대하신 부처님!

환경미화원이 일을 할 때

자동차는 그들 곁을 위험천만하게 스쳐 지나가고

심지어는 취객에게 봉변을 당하는 경우도 있습니다.

그들은 자주 유리조각에 상처를 입고

그들은 자주 철사나 못에 찔리기도 합니다.

그러나 그들은 사람들이 버린 쓰레기를 주워

자원으로 재탄생시킵니다.

비료로 다시 만들어냅니다.

자비롭고 위대하신 부처님!

저들을 가피해 주시어

그들이 거리를 청소할 때

번뇌라는 자신의 먼지도 함께 쓸어버리게 해주시옵소서.

그들이 가로수를 정비할 때

자신의 마음에 보리 심게 해주시옵소서.

그들이 쓰레기를 처리할 때

겹겹이 쌓인 자신의 재앙도 없애게 해주시옵소서.

그들이 개울을 청소할 때

지난날 자신의 업장도 없애게 해주시옵소서.

그들이 사회에서

모든 이의 존경 받을 수 있게 하시고

그들이 가정에서

가족의 찬사 받을 수 있게 해주시옵소서.

자비롭고 위대하신 부처님!

모든 환경미화원을 보호해 주시고

그들의 세계가 즐겁고 화목하기를 기원하옵니다.

그들의 미래가 평안하고 아름답기를 기원하옵니다.

자비롭고 위대하신 부처님!

지극한 정성으로 드리는 저의 기원 받아주시옵소서.

지극한 정성으로 드리는 저의 기원 받아주시옵소서.

옷이은 빨을으면
정답이
기분좋다
빨래도 빤다는데도 말도
주었다

환희와 융화

불광기원문 064

농·어업 종사자를 위한 기원문

자비롭고 위대하신 부처님!
저는 농어업 종사자들께 진심으로 감사드리고자 합니다.
저는 농어업 종사자들을 위해 기원과 축복 드리고자 합니다.
그분들이 있어 인류의 생활은 풍성해졌고
국가는 안락해졌고 사회는 경제적으로 번영과 발전을 했으며
실업實業은 안정적으로 성장하였습니다.
자비롭고 위대하신 부처님!
부처님께서는 농민의 고됨 보신 적이 있으신지요?
한 차례의 비바람에도
그들이 입는 피해는 말로 형언키 어렵습니다.

한 차례 병충해가 휩쓸고 가면
그들의 그간 노고 헛수고가 됩니다.
자비롭고 위대하신 부처님!
부처님께서는 어민의 마음의 소리 들으신 적이 있으신지요?
그들이 하는 일은 살생의 행위이지만
그들은 고된 생활 영위하고 있습니다.
해양어업에 종사하는 사람은
험난한 파도가 그들을 삼켜버릴 수 있습니다.
양식어업에 종사하는 사람은
한 차례의 수질오염으로도
피땀 흘린 그들의 노고가 물거품이 됩니다.
부처님이시여!
비록 살생을 업으로 하지만
살생의 마음 없는 그들을 포용해 주시옵소서.
생존과 연관된 그들의 잘잘못 너그러이 용서해 주시옵소서.
자비롭고 위대하신 부처님!
부처님은 노동의 힘듦을 알고 계시는지요?
단 한 차례의 의외의 사고로도
그의 가족은 의지할 곳이 사라지게 됩니다.
일하다 질병을 얻게 되면
병석에 누워 더 이상 일을 할 수가 없게 됩니다.
자비롭고 위대하신 부처님!

저는 농어업 종사자를 위해 기원드리려 합니다.

정부가 그들에게 좀 더 많은 혜택 주기를 바랍니다.

사회가 그들에게 좀 더 많은 관심 주기를 바랍니다.

세상의 모든 농어업 종사자

모두 대중의 복지를 기원하는 마을 품기를 기원하옵니다.

모두 서로 협력하는 미덕 발휘하기를 기원하옵니다.

더욱 간절히 바랍니다.

부처님의 가피로 세상의 모든 사람 가피하시어

농어업 종사자의 착실한 태도 배워

인류를 위해 행복한 이익을 구하도록 가피해 주시옵소서.

농어업 종사자의 순박하고 돈후한 정신 배워

세계를 위해 아름다운 미래 창조하게 해주시옵소서.

자비롭고 위대하신 부처님!

지극한 정성으로 드리는 저의 기원 받아주시기 바라옵니다.

지극한 정성으로 드리는 저의 기원 받아주시기 바라옵니다.

환희와 응화

불광기원문 065

의료인을 위한 기원문

자비롭고 위대하신 부처님!
말하려니 너무나 끔찍합니다.
이 세상 사람 대부분이 병에 걸려 있습니다.
누구는 신체에 노·병·사 질병에 걸려 있고
누구는 마음에 탐·진·치 악습관에 걸려 있습니다.
부처님만이 세상에서 가장 위대한 의왕이십니다.
부처님께서는 병을 치유하고 건강하게 도와주시고
마음의 병까지도 말끔히 치유해 주실 수 있사옵니다.
부처님께서는 질병의 괴로움을
우리가 깊이 들여다보도록 격려하십니다.

우리에게
여덟 가지 복전福田 가운데
병간호가 제일 복전이라고 말씀하셨습니다.
자비롭고 위대하신 부처님!
많은 의료인들이 부처님 발자취를 따라
인간을 위해 따스한 역사를 써 내려가고 있습니다.
어진 마음 어진 의술 가진 의사는 부처님 같고
직분에 최선 다하는 간호사는 관세음보살과 같습니다.
병상 사이 바쁘게 다니는 그들은
환자들이 편안한 마음 갖기만 희망합니다.
밤낮없이 힘들게 병자들 곁을 지키는 그들은
환자들이 하루속히 건강해지기만 희망합니다.
그들의 귀에 들리는 것은 신음소리이지만
그들의 손은 빠르게 병자를 진단해야 합니다.
그들의 눈에 비치는 것은 환자의 괴로운 얼굴이지만
그들의 입은 따뜻한 위로의 말을 해주어야 합니다.
의료인은 일하고 쉬는 시간을 정확하게 나눌 수 없고
심지어는 전염이라는 위험에 노출되어 있으며
때로는 가족이 함께 모이는 자리에도 가지 못합니다.
그들은 하루 종일 병실을 살피며 돌아다니느라
종종 두 다리가 퉁퉁 붓기도 합니다.
그들은 하루 종일 수술을 집도하다가

종종 피로로 쓰러지기도 합니다.
부처님의 가피로 의료인들이
강건한 신체 가질 수 있길 바라옵니다.
뛰어난 의술 가질 수 있길 바라옵니다.
그들의 노고를 가족이 이해해주길 바라옵니다.
그들의 이상을 친구가 지지해주길 바라옵니다.
자비롭고 위대하신 부처님!
질병의 고통으로 신음하는 병자는 생명과 건강을
의료인의 손에 맡깁니다.
위대한 의료인들은 자신의 시간과 청춘을
병자들을 위해 희생합니다.
의료인과 그들의 가족이
복과 장수 두루 누리고
평안하고 길하길 기원합니다.
자비롭고 위대하신 부처님!
지극한 정성으로 드리는 저의 기원 받아주시기 바라옵니다.
지극한 정성으로 드리는 저의 기원 받아주시기 바라옵니다.

환희와 우담화

불광기원문 066

경찰관을 위한 기원문

자비롭고 위대하신 부처님!
저는 국민의 보호자인 경찰을 위해
지극히 간절한 마음으로 부처님께 기원드리옵니다.
그들은 건장한 신체는 갖지 않았지만
굳센 용기를 갖춰야만 합니다.
그들은 강력한 지위는 없지만
국민을 평안하게 하는 책임을 짊어져야 합니다.
자비롭고 위대하신 부처님!
길거리를 방황하는 소년은
경찰이 부모에게 인도하고

시비를 일으키는 악인은
경찰이 법적인 제재를 가하고
무고한 피해자에게는
경찰이 보호자의 역할을 해주고
주민 간의 분쟁은
경찰이 조화로운 해결을 담당합니다.
자비롭고 위대하신 부처님!
경찰이 부처님의 반야지혜 지녀
까다롭고 힘든 사건 해결할 수 있기를 바라옵니다.
경찰이 부처님의 커다란 힘 지녀
어리석고 무지한 범죄 제압할 수 있길 바라옵니다.
경찰이 당신의 동체대비 지녀
잘못된 길 들어선 중생 인도할 수 있길 바라옵니다.
경찰이 당신의 굳건한 인내 지녀
용감하게 전진하는 담력 보유할 수 있길 바라옵니다.
자비롭고 위대하신 부처님!
그들은 평소 성실히 근무할 때는
낮이건 밤이건, 춥거나 덥거나 가리지 않고
굳건히 자리를 지키고 거리를 순찰합니다.
그들은 새벽 시간과 한밤중에도
신체와 생명, 힘들고 괴로운 것 따지지 않고
불구덩이 속이라도 뛰어들 듯 맡은 바 책무를 다합니다.

자비롭고 위대하신 부처님!
경찰 역시 피와 살로 이루어진 사람입니다.
그들 역시 적당한 휴식 필요하고
그들 역시 정당한 여가생활이 필요합니다.
그들 역시 가정의 지지가 필요하고
그들 역시 안전한 보장이 필요합니다.
부처님의 크고도 큰 가피로
그들이 지혜와 용기 두루 갖추고
국민을 위해 복무할 수 있게 해주시옵소서.
그들이 정신력과 체력으로 굳건히 견디며
국가를 보위할 수 있게 해주시옵소서.
부처님께서 더욱 간절히 우리 사회를 보호해 주시길 바라옵니다.
사람이 저마다 앞서 정의를 행하여
범죄가 척결되고 집집마다 평안하게 해주시옵소서.
사람이 저마다 자율적으로 법률을 지켜
생활은 행복하고 국가는 튼튼하게 해주시옵소서.
자비롭고 위대하신 부처님!
지극한 정성으로 드리는 저의 기원 받아주시기 바라옵니다.
지극한 정성으로 드리는 저의 기원 받아주시기 바라옵니다.

환희와 융화

불광기원문 067
봉사자를 위한 기원문

자비롭고 위대하신 부처님!
저는 정성스런 마음으로 부처님께 말씀드리고자 하옵니다.
이 사회에는 존경할 만한 봉사자들이 있습니다.
그들은 무덤덤하고 무관심한 시대에 빛줄기를 더하고
인정이 각박한 세태에 정과 의리를 넣어줍니다.
타인이 권력을 맹렬히 쫓을 때
그들은 묵묵히 남을 위해 봉사합니다.
타인이 지위를 얻으려 다툴 때
그들은 끊임없이 사랑을 뿜어냅니다.
그들의 목적이 대가는 아니지만

자신을 위한 공덕과 환희를 쌓습니다.
그들의 소원이 지위는 아니지만
다른 이에게 가장 환영받는 친구가 됩니다.
자비롭고 위대하신 부처님!
쉬는 날에도
존경스러운 이들 봉사자들은 쉬지 않는 보살같이
어떤 이는 복지단체 등에서 노동봉사를 하고
어떤 이는 사찰도량 등에서 대중 위해 봉사합니다.
휴가 기간에는
사랑스러운 이들 봉사자들은 정진하는 보살같이
어떤 이는 노인을 돌보느라 바쁘고
어떤 이는 무료 의료봉사를 펼칩니다.
부처님! 위대하신 부처님이시여!
저는 봉사자들을 위해 기원드립니다.
그들의 도심道心과 신념이 물러나지 않게 하시어
탐욕적인 사회에 본보기로 남게 하시고
이기적인 행동에 모범으로 남게 해주시길 희망하옵니다.
부처님이시여!
사실
부처님이야말로 봉사자의 조사이시고
부처님이야말로 봉사자의 본보기이십니다.
부처님은 유정한 중생들을 이롭게 하기 위해

정진에 정진을 거듭하시고 행하기 어려워도 행하셨습니다.
자비롭고 위대하신 부처님!
불문의 용상龍象이 되려면
먼저 중생의 마소(馬牛)가 되어야 합니다.
보살은 모두 봉사하는 가운데 보리 성취하였으니
아미타불은 극락정토의 환경보호 봉사자이시고
약사여래는 유리세계의 사회복지 봉사자이시고
관음보살은 망망한 고해에서 일하시는 봉사자이시고
지장보살은 고통스러운 지옥에서 일하시는 봉사자입니다.
자비롭고 위대하신 부처님!
부처님의 광명과 가피로
저희는 봉사 정신 배워
장차 정과 의리를 지닌 가운데
발전하고 성장하길 희망합니다.
저희는 봉사자의 미덕 널리 알려
장차 공정함을 지닌 가운데에서
한 가족처럼 지내길 희망합니다.
자비롭고 위대하신 부처님!
지극한 정성으로 드리는 저의 기원 받아주시기 바라옵니다.
지극한 정성으로 드리는 저의 기원 받아주시기 바라옵니다.

환희와 응화

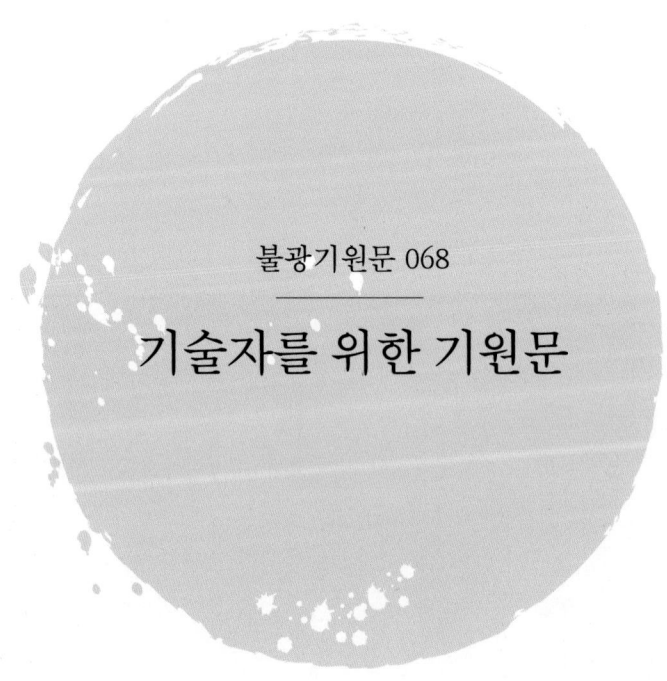

불광기원문 068

기술자를 위한 기원문

자비롭고 위대하신 부처님!
저는 이제 감사하는 마음으로 부처님께 소원을 드리옵니다.
부처님께서 고생하는 기술자들을 보우해 주시옵소서.
개인의 주택에서부터 공공시설까지
도농의 발전에서부터 국가적 건설까지
여가장소에서부터 문화의 전당까지
빌딩과 공장에서부터 교통과 기업까지
민생과 밀접한 관련이 있는 사업이면 모두
기술자들의 손끝에서 완성되어집니다.
자비롭고 위대하신 부처님!

지혜와 용기를 두루 갖춘 저 기술자들은
뜨거운 한낮의 태양도 두려워하지 않고
몰아치는 비바람도 두려워하시 잃으며
결코 물러남 없이 자신의 자리 굳건히 지키고 있습니다.
그들은 보살의 화신같이
자신을 바쳐 대중을 이롭게 합니다.
자비롭고 위대하신 부처님!
기술자들의 고생은 이루 말할 수 없습니다.
어떤 이는 칠흑처럼 어둡고 깊은 동굴에 들어가고
어떤 이는 높이 솟은 산봉우리 기어 올라갑니다.
어떤 이는 무거운 모래와 자갈 짊어지고
어떤 이는 복잡한 기계를 조작합니다.
자비롭고 위대하신 부처님!
기술자들 역시 피와 살로 이루어진 사람입니다.
그들 중에는
누적된 피곤으로 병까지 얻어 병실에 누워 있으니
원대한 포부를 펼칠 수 없는 이도 있습니다.
그들 중에는
신중하지 못한 조작으로 회사에 손해 끼치고
되돌릴 수 없는 후회를 하게 되는 이도 있습니다.
시기가 좋지 않아
경제적 어려움으로 직원의 감축 대상에 처한 이도 있습니다.

부처님께서 모든 기술자 지켜주시고
그들에게 지혜와 평안 내려주시길 바라옵니다.
그들이 업무 중 산재를 입지 않게 해주시고
그들이 세간의 유혹에서 벗어나게 해주시고
그들이 경제적 영향에서 벗어나게 해주시고
그들이 실업의 곤경에서 벗어나게 해주시옵소서.
자비롭고 위대하신 부처님!
부처님의 가피로 모든 기술자가
대중을 위해 복을 짓는다는 정신을
향유하게 해주시고
대중을 위해 봉사한다는 미덕을
갖출 수 있게 해주시길 바랍니다.
자비롭고 위대하신 부처님!
지극한 정성으로 드리는 저의 기원 받아주시기 바라옵니다.
지극한 정성으로 드리는 저의 기원 받아주시기 바라옵니다.

환희와 영화

불광기원문 069

재난구조요원을 위한 기원문

자비롭고 위대하신 부처님!
저희들이 사는 이 세간에는
천재지변이 아니면 인재가
인재가 아니면 천재지변이 일어납니다.
매일 천재와 인재로
사회의 물질적 손실 가늠할 수가 없고
인명과 마음의 상처 치유하기 어렵습니다.
자비롭고 위대하신 부처님!
이것은
우리에게 고난에서 구하여 주는 어질고 의로운 사람이 필요하고

우리에게 자비로 구하여 주는 선한 마음의 보살 필요하다는 것을
설명하고 있습니다.
지진이 가옥을 파괴하고 인명을 무상케 함을 보십시오.
태풍이 폭우를 몰고 가며 집과 산을 무너뜨리는 걸 보십시오.
선박과 항공기의 불의의 사고 당하는 이도 있고
등산하다 위험에 처하는 이도 있습니다.
이 순간 그들 앞에 구조대원이 나타나면
그들이 곧 영웅인 것입니다.
구조대원들 가운데는
사상자를 수색하는 데 힘쓰는 이도 있고
재난민을 위로하는 데 힘쓰는 이도 있고
의료를 펼치는 데 힘쓰는 이도 있고
음식을 운송하는 데 힘쓰는 이도 있습니다.
그들은 고난에 처한 사람 구하고자 최선 다하며
위험에도 아랑곳하지 않고, 불구덩이라도 몸을 사리지 않습니다.
자비롭고 위대하신 부처님!
부처님께서도 재난구조요원의 노고를 알고 계실 것입니다.
부처님께서도 재난구조요원의 힘듦을 이해하고 계실 것입니다.
부처님께서도 깨달음을 얻기 위한 수행을 하실 적에
500명의 상인을 구하기 위해
위험을 무릅쓰고 도적을 물리치셨습니다.
숲속의 새와 짐승을 구하기 위해

불광기원문

피곤함도 잊고 부리로 물을 떠 불을 끄셨습니다.
부처님이시여! 당신께서는 저희에게
"보호자 없는 이에게 보호자 되어주고
도와줄 이 없는 이에게 도와주는 이 되어라."고 가르치셨습니다.
위험과 어려움이 가득한 이 세간에서
재난구조원들이 부처님의 자비심 실천하고 있기에
고난의 중생에게 무외의 보시 행하고 있기에
재난이 많은 인간세계에 온정 충만하게 하고
오탁한 악세에 희망 가져다주고 있습니다.
부처님께서 저들을 가피해 주시어
선심은 물러나지 않고 과보는 끝이 없으며
세세생생토록 길이 복되게 해주시옵소서.
자비롭고 위대하신 부처님!
지극한 정성으로 드리는 저의 기원 받아주시기 바라옵니다.
지극한 정성으로 드리는 저의 기원 받아주시기 바라옵니다.

환희와 웅화

불광기원문 070

소방대원을 위한 기원문

자비롭고 위대하신 부처님!
도시에 거주하는 사람들은
도시의 폭군 자동차의 위험도 두렵지만
화마가 넘실대는 화재사고도 두렵습니다.
특히 화재는 순식간이라 더욱 끔찍합니다.
다행스럽게도 소방대원이 제 시간에 도착하면
손실을 최소화 할 수 있었습니다.
자비롭고 위대하신 부처님!
소방대원들은 말입니다!
그들은 신고가 접수되면

그 즉시 전 대원이 출동하는데
누구는 소방차에 올라타고
누구는 사다리차를 운전합니다.
화염에 휩싸인 위험한 건물에서
그들은 몸을 사리지 않고 사람을 구출합니다.
그들은 기둥과 대들보를 두 손으로 받치고
그들 발아래는 온통 불바다입니다.
어느 소방관은 소방호스를 둘러메고 물을 분사하느라 애씁니다.
어느 소방관은 옥상으로 올라가 물을 뿌리느라 애씁니다.
어느 소방관은 사다리를 타고 올라가 사람들을 구하느라 애씁니다.
어느 소방관은 장애물을 치우고 진입로를 확보하느라 애씁니다.
그들은 화재의 위험도 아랑곳하지 않고
그들은 축융(祝融, 불의 신)의 무정함 상관하지 않고
오직 한마음으로 민중 위해 봉사합니다.
그들 가운데는 사람을 대피시키다가
자신이 오히려 곳곳에 화상 입는 이도 있습니다.
그들 가운데는 물품을 건지려다가
자신이 오히려 자욱한 연기에 호흡곤란을 일으키는 이도 있습니다.
태풍과 홍수의 재해현장에서
소방대원은 늘 구원의 손길을 내밉니다.
지진과 교통사고의 현장에서
소방대원은 늘 출동하여 도와줍니다.

어떤 이가 등산하다가 곤란을 겪는다면
어떤 이가 호수에서 놀다 배가 뒤집힌다면
소방대원은 소식을 듣자마자 달려옵니다.
자비롭고 위대하신 부처님!
소방대원에게 재난을 말끔히 없앨
역량을 주시옵소서.
소방대원에게 위험을 평안으로 바꿀
용감함 주시옵소서.
소방대원에게 사람을 구조하는 것이
커다란 공덕이라는 믿음 주시옵소서.
소방대원이 고난을 길상으로 변화시키게
그들을 보살펴 주시옵소서.
자비롭고 위대하신 부처님!
정성스런 저의 기원 받아주시기 바라옵니다.
정성스런 저의 기원 받아주시기 바라옵니다.

환희와 웅화

불광기원문

願衆 · 圓滿

선하고 좋은 인연

원하옵건대, 중생의 원만을 기원합니다.

미래세는
살인과 방화, 강도의 마왕 사라지길
잔혹하고 흉포한 폭력배 사라지길
자비와 희사喜捨의 어진 자만 있고
장수와 안락 누리는 중생만 있길 기원하옵니다

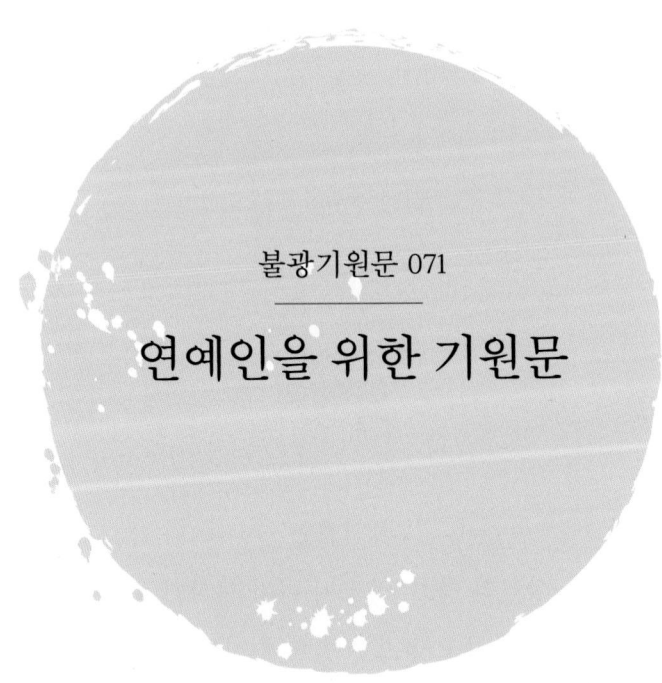

불광기원문 071

연예인을 위한 기원문

자비롭고 위대하신 부처님!
현대사회에는
모두가 중요시할 가치가 있는 직업이 있습니다.
바로 연예인입니다.
자비롭고 위대하신 부처님!
연예인은 사람들에게 커다란 감동을 줄 공연을 위해
연예인은 실제와 흡사한 효과를 내기 위해
때로는 불구덩이에도 들어갔다 나와야 하고
때로는 암벽을 기어오르기도 해야 하고
때로는 높이 매달려 구르기도 해야 하고

때로는 바다 깊이 잠수하기도 해야 합니다.
그들은 힘들어도 참아가며 고대의 복장을 입고
우리에게 역사 인물의 기품을 보여줍니다.
그들은 고달픈 야외촬영도 참아가며
우리에게 각지의 풍경과 인정을 감상하게 해줍니다.
그들은 관중의 갖은 욕을 먹으면서도
간사하고 요사스런 배역 연기해내며
우리에게 충신과 간신 그리고 선악을 판별하게 합니다.
아름답게 화장을 한 연예인들도
가슴 아픈 이야기를 많이 담고 있습니다.
누군가는 생계를 좇다가
부득이 연예계로 떠밀려 분주한 나날 보내게 되고
누군가는 본래 검소한 성격인데도
부득이 성격에 맞지 않는 역할을 억지로 소화해야 합니다.
누군가는 대중의 주목 받으면서
자신의 사생활을 잃어버렸고
누군가는 재물과 명예 속에서
자신의 방향 잃어버렸습니다.
매란방*의 경극은 전 세계에 널리 알려졌고
이소룡*의 무협영화는 국내외에 이름을 알렸고
룽파*의 황매 곡조는 많은 사람이 뜨거운 눈물을 흘리게 하였고
양려화*의 가극은 동남아에 붐을 일으켰습니다.

그들은 중국인에게 영광 가져다 주었습니다.

그들은 동포에게 일깨움 가져다 주었습니다.

자비롭고 위대하신 부처님!

연예인 모두 연예계 생활동안

아름답고 훌륭한 역사를 남기길 바랍니다.

연예인 모두 연예 사업에서

찬란한 페이지를 써나가길 바랍니다.

자비롭고 위대하신 부처님!

지극한 정성으로 드리는 저의 기원 받아주시기 바라옵니다.

지극한 정성으로 드리는 저의 기원 받아주시기 바라옵니다.

---

* 매란방梅蘭芳: 1894년 강소 출생으로, 중국 희극을 전 세계에 알린 최초의 인물이다.
* 이소룡李小龍: 1940년 출생, 무술로 영화계에 명성을 떨쳤으며, 20세기 가장 영향력 있는 인물 중 한 명으로 선정되기도 했다.
* 릉파凌波: 1939년 출생, 60년대 '양산백과 축영대梁山伯與祝英台'로 대만에서 황매黃梅곡조 붐을 일으켰다.
* 양려화楊麗花: 1944년 출생, 소생(小生. 젊은 남자 배역) 역할로 관중을 사로잡으며 가극의 새로운 형태를 열었다.

선하고 좋은 인연

불광기원문 072

교통 관계자를 위한 기원문

자비롭고 위대하신 부처님!
부처님께서 혜안으로 시방세계 두루 살피실 때
인류의 복잡한 교통시스템을 볼 수 있으실 것입니다.
육지와 해상의 그물과 같은 운수노선을 볼 수 있으실 것입니다.
우리는 특히 교통 분야에서 근무하시는 분들께
깊은 감사와 존경 보내고자 합니다.
그들이 이러한 교통시스템 잘 응용하여
인류에게 소통과 교류를 촉진시켜 주었기 때문입니다.
그들이 이러한 유통노선 잘 응용하여
세계 발전과 번영을 촉진시켜 주었기 때문입니다.

자비롭고 위대하신 부처님!
그들은 우리를 태우고
대천세계에서 마음껏 노닐게 해주었으니
신족통의 소망 실현시켜 준 것이옵니다.
그들은 순조롭게 승객과 화물을
이쪽 역에서 저쪽 역으로 보내고
이 도시에서 저 도시로 운송하여
우리가 편리하고 세심한 서비스 누리게 해주었습니다.
자비롭고 위대하신 부처님!
보십시오!
육지에서 차량을 운전할 때는
반드시 돌발 사고에 주의를 기울여야 합니다.
해상에서 선박을 운행할 때는
반드시 조심해서 폭풍과 파도에 맞서야 합니다.
하늘에서 비행기를 조종할 때는
반드시 기체가 기류의 영향을 받지 않게 해야 합니다.
그리고 교통 안전요원들 역시
대로 한가운데 서서
내리쬐는 태양과 쏟아지는 빗줄기도 아랑곳하지 않고
추운 겨울과 무더운 여름도 아랑곳하지 않고
차량이 안전하고 순조롭게 도로 달리게 하고
승객이 내 집처럼 편안하게 할 뿐입니다.

자비롭고 위대하신 부처님!
이와 같은 훌륭한 교통인원이 있기에
우리가 순조롭게 업무를 처리할 수 있고
우리가 안심하며 각지를 여행할 수 있습니다.
자비롭고 위대하신 부처님!
우리는 세상의 모든 교통 관련자들이
안전이 우선이라는 이념 가지길 기원합니다.
봉사가 최고라는 정신 가지길 기원합니다.
교통 분야에서 근무하는 사람들이
모두 즐겁게 일을 하고
안전하게 끝맺음하길 기원합니다.
자비롭고 위대하신 부처님!
지극한 정성으로 드리는 저의 기원 받아주시기 바라옵니다.
지극한 정성으로 드리는 저의 기원 받아주시기 바라옵니다.

선하고 좋은 인연

불광기원문 073

해양 근무자를 위한 기원문

자비롭고 위대하신 부처님!
이 세간에서
바다는 다양한 역할을 연기하고 있습니다.
바다는 대지의 자상한 어머니로서
생명의 자원 품고 기르며
지구의 호흡을 조절합니다.
그러나 바다는 또한 쉽게 분노하는 군왕으로서
언제든 거대한 풍랑과 소용돌이를 일으킬 수 있습니다.
그러므로
우리는 특별히 해양 근무자에게 감사드리고자 합니다.

그들은 자신의 안위는 아랑곳하지 않고
바다를 벗 삼아 인류의 생존을 보호하고 있습니다.
그들은 자신의 생명 아랑곳하지 않고
바다와 씨름하며 대중의 안전을 보장하고 있습니다.
해양에서 근무하는 노동자는
국토를 수호하는 해군장병도 있고
치안을 유지하는 해양경찰도 있고
위급상황을 해결하는 구조영웅도 있고
보물을 탐험하는 잠수인원도 있습니다.
드넓은 바다에서
암초는 그들을 침몰시킬 수도 있고
파도는 그들을 수몰시킬 수도 있습니다.
이 험악한 환경 속에서
그들은 생명의 위험 무릅쓰고
인류의 행복을 위해
한 치의 망설임 없이 바다를 향해 도전해 나아갑니다.
혹서의 계절에는
내리쬐는 태양에 피부가 까맣게 타버립니다.
혹한의 지역에서는
바람이 살을 에일 듯 불어오나이다.
힘들고 괴로운 상황에 직면해서도
원망도 후회도 없이 바다의 품으로 뛰어드나이다.

자비롭고 위대하신 부처님!
흐르는 땀방울 속에서도
그들이 마음은 늘 청량할 수 있게 해주시고
모진 비바람 속에서도
그들이 끓어오르는 뜨거운 피를 늘 지니게 해주시옵소서.
부모와 처자식 돌아오기를 간절히 기다린다는 것을
가까운 친구가 그들을 축복하고 있다는 것을
해양 근무자가 이해하길 간절히 기원하옵니다.
그들이 언제 어디서나
믿음의 돛대를 활짝 펴기를 희망합니다.
그들이 안전하건 위험하건
분발의 투지를 불러일으키기를 희망합니다.
자비롭고 위대하신 부처님!
지극한 정성으로 드리는 저의 기원 받아주시기 바라옵니다.
지극한 정성으로 드리는 저의 기원 받아주시기 바라옵니다.

선하고 좋은 인연

불광기원문 074

화류계 여인을 위한 기원문

자비롭고 위대하신 부처님!
저는 부처님께 하소연을 하려 하옵니다.
화류계는 천대 받는 업종입니다.
그들은 비인非人의 대우를 받고
그들이 지옥 같은 생활을 하고 있다는 것을
부처님께서는 아실 것입니다.
자비롭고 위대하신 부처님!
사회대중은 화류계 여인을 경시합니다.
잘 알지도 못하면서 경박하다고 여깁니다.
육체와 정신을 팔며 풍속을 해친다고 여깁니다.

사실 약자로 태어난 그들은

가정이 불우해 억지로 내몰린 사람도 있을 것이고

양심을 저버린 친구에게 팔아넘겨진 사람도 있을 것이며

반면 기꺼이 원한 사람은 극소수에 불과할 것입니다.

더구나 역사 이래로

화류계 여인 가운데는

예술에 뛰어난 재녀도 있었고

의협심이 강한 홍장紅妝도 있었고

애국충정을 가진 건괵巾幗도 있었고

정법을 수호해 나가는 보살도 있었습니다.

의화단 사건은 만일 새금화賽金花가 없었다면

8개국 연합군이 쉽게 손을 놓고 물러가지 않았을 것입니다.

더구나 부처님께서 세간에 머무실 때

암바팔리는 정원을 바쳐 사찰을 세우고*

대중을 대신해 법을 청하였습니다.

바수밀다는 권교방편을 펼쳐*

중생이 탐욕을 멀리하도록 제도하였습니다.

그들은 험난한 환경에 처하기도 했지만

기쁜 보시로 타인을 돕는 것을 잊지 않았습니다.

그들은 비록 풍진 세상으로 잘못 들어왔으나

시대의 조류에 휩쓸리지 않았습니다.

부처님이시여! 아, 부처님이시여!

화류계의 여인들은 악인의 감시 하에
걸핏하면 손으로 맞고 발로 차이며
항상 유린당하다 비명횡사를 당하기도 합니다.
자비로운 부처님께서 이 화류계의 여인들을 가엾이 여기시어
그들이 고해를 벗어나 하루속히 새로운 직업 찾게 해주시옵소서.
그들이 양심을 따라 정상적인 생을 영위해 나가게 해주시옵소서.
더욱 간절히 바라옵니다.
사회 대중이 다 함께 도덕과 용기 발휘하여
경찰과 협조하여 선량한 이를 화류계로 내모는 악당을 뿌리 뽑고
그녀들이 고통과 시련의 불구덩이를 벗어나게 돕도록 해주시옵소서.
세상의 모든 남성이 무질서한 관념을 바로잡게 해주시고
세상의 모든 여성은 나의 누나 나의 어머니와 같은
존엄을 지니게 해주시옵소서.
자비롭고 위대하신 부처님!
지극한 정성으로 드리는 저의 기원 받아주시기 바라옵니다.
지극한 정성으로 드리는 저의 기원 받아주시기 바라옵니다.

---

* 암바팔리가 소유했던 정원 '망고동산菴羅樹園'은 인도 중부의 바이샬리에 위치하였다.

* 바수밀다는 험난국險難國의 보배로 장엄한 성에 머물렀는데, 용모가 장엄하였다. 이미 욕심을 여의고 실제 청정법문을 성취하였으며, 중생에게 청정을 얻기 위해 욕망을 여의는 법문을 설하였다.

선하고 좋은 인연

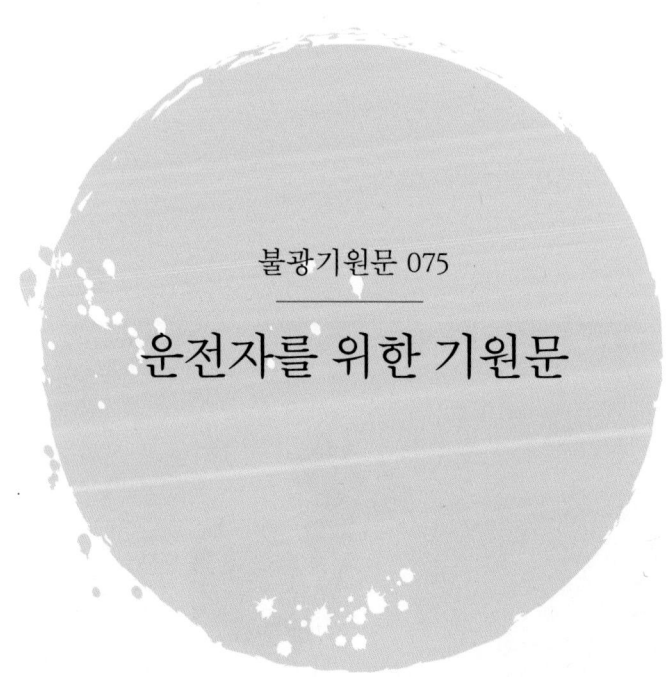

불광기원문 075
운전자를 위한 기원문

자비롭고 위대하신 부처님!
운전자들에 대한 감사와 존경의 뜻을 말씀올리게 해주시옵소서.
자비롭고 위대하신 부처님!
우리가 병이 나거나 상해를 입었을 때
그들은 적시에 우리를 병원으로 데려다 줍니다.
우리가 바삐 서두를 때
그들은 목적지까지 우리를 안전하게 데려다 줍니다.
우리가 친구를 방문하거나 여행갈 때
그들은 친절하게 우리를 위해 봉사해 줍니다.
우리가 물건을 수출하고 수입할 때

그들은 신속하게 화물을 운송하고 적재하도록 도와줍니다.
자비롭고 위대하신 부처님!
운전자들은 정말 노고가 큰 이름 없는 영웅입니다.
그들은 숙련된 운전기술도 있어야 하지만
평온한 마음과 온화한 태도가 더욱 필요합니다.
그들은 차량의 점검도 꼼꼼히 해야 하지만
교통법규 역시 잘 준수해야만 합니다.
그들은 차량 정체의 답답함도 참아야 하지만
교통사고를 미연에 방지해야만 합니다.
오늘날 교통이 발달된 사회에서
도로는 호랑이 입 같고 평지는 위험한 구덩이 같습니다.
교통은 이와 같은 우수하고 훌륭한 운전자들의
자리이타自利利他의 정신이 발휘되어야만
안전을 보장할 수 있고
막힘없이 시원하게 뚫릴 것입니다.
우리는 세상의 운전자들 모두 이해하길 희망합니다.
"서두르지 맙시다. 안전이 제일입니다."
"서두르지 맙시다. 양보가 제일입니다."
"서두르지 맙시다. 존중이 제일입니다."
"서두르지 맙시다. 평안이 제일입니다."
우리는 세상의 운전자들 모두 알길 기원하옵니다.
"한 걸음 양보하면 백 년의 몸이 보장되고

처자식 문에 기대 안전하게 돌아오길 기다리네.
술 먹고 운전하지 않고 운전하면 술 먹지 않네,
피로하면 운전하지 않고 운전 전 휴식을 취하세."
자비롭고 위대하신 부처님!
운전자와 승객의 생명은 하나로 연결되어 있고
운전자와 대중의 관계는 서로 연관되어 있습니다.
그래서 우리는 서로 존중하고 서로 양보해야 합니다.
자비롭고 위대하신 부처님!
부처님의 크신 비호 아래
모든 운전자가 순조롭게 운전할 수 있기를 바라옵니다.
또한 부처님의 가피로
모든 승객과 운전자들이
함께 교통법규 준수하고
함께 교통안전 수호하길 바라옵니다.
모든 사람이
즐겁게 대문을 나섰다
평안히 귀가하기를 바라옵니다.
자비롭고 위대하신 부처님!
지극한 정성으로 드리는 저의 기원 받아주시기 바라옵니다.
지극한 정성으로 드리는 저의 기원 받아주시기 바라옵니다.

선하고 좋은 인연

333

불광기원문

불광기원문 076

선생님을 위한 기원문

자비롭고 위대하신 부처님!
오늘 제자는 부처님 전에 찾아와
선생님에 대한 감사말씀 올리려 합니다.
선생님들이 애쓰고 가르쳐 주셨기에
제가 학문과 기술 얻을 수 있었습니다.
선생님들이 지도 편달해 주셨기에
제가 지식과 지혜를 키울 수 있었습니다.
저는 더욱 발전하도록 노력하고
나태하지 않고 정진하여 선생님의 고마움에
보답할 것임을 이 자리에서 발원하옵니다.

저는 온 힘을 다하여
사회에 봉사함으로서
선생님의 은혜에 보답할 것입니다.
자비롭고 위대하신 부처님!
선생님은 모두 촛불처럼
자신을 태워 학생을 밝게 비춥니다.
선생님은 모두 연꽃처럼
향기를 풍기며 배우는 이에게 은혜를 베풉니다.
그들은 학생의 성취를
자신의 영광으로 여기고
그들은 학생의 공헌을
자신의 자랑으로 여기고
그들은 학생의 진학을
자신의 기쁨으로 여기고
그들은 학생의 분발을
자신의 원동력으로 여깁니다.
자비롭고 위대하신 부처님!
부처님!
위대하신 스승의 은혜를 어찌 다 갚을 수 있을지
제게 일러주십시오.
오로지 부처님께서 자비롭게 허락해 주신다면
제가 조금이라도 성취하게 되면

모두 저의 스승과 부모님께 회향하기를 바랍니다.
살아계신 분께는 일체가 자유롭고
모든 일이 뜻대로 이루어지게 해주시고
돌아가신 분께는 공덕을 보태시어
불국토에 왕생하게 해주시옵소서.
부처님께서 모든 선생님을 가피해 주시어
그들이 근기를 보고 가르침을 주는 지혜 가지게 해주시고
그들이 이해와 실천 모두를 중요시하는 이념 가지게 해주시고
그들이 한 사람도 포기하지 않는 자비 가지게 해주시고
그들이 사제 간에 존중하는 마음 가지게 해주시길 기원하옵니다.
자비롭고 위대하신 부처님!
다시 한 번 모든 선생님을 가피해 주시길 기원하며
그들이 영재를 길러내겠다는 포부 갖게 해주시고
그들이 가르침에 게으르지 않는 정신 실천하게 해주시옵소서.
건전한 교육 속에서
인재가 천하에 널리 퍼지고
사회에서 화목하기 기원하옵니다.
자비롭고 위대하신 부처님!
바라옵건대 지극한 정성으로 드리는 저의 기원 받아주시옵소서.
바라옵건대 지극한 정성으로 드리는 저의 기원 받아주시옵소서.

선하고 좋은 인연

불광기원문 077

대중매체 사업자를 위한 기원문

자비롭고 위대하신 부처님!
저는 무척 흥분된 심정으로 부처님께 말씀올립니다.
현대의 대중매체 사업에서
전신 사업자는 마치 '천이통天耳通'을 가진 것 같고
방송 사업자는 마치 '천안통天眼通'을 가진 것 같고
신문잡지 사업자는 마치 '신족통神足通'을 가진 것 같고
인터넷 사업자는 마치 '타심통他心通'을 가진 것 같습니다.
자비롭고 위대하신 부처님!
대중매체 사업자는
현대화에 찬란한 업적 이루었으며

지식화에 탁월한 공헌 하였으며

다원화에 중대한 영향 끼쳤으며

보급화에 크고 깊은 의의 가져왔습니다.

그들이 이룬 성과는

책임이 막중하고 갈 길도 멉니다.

그들의 공적과 과실은

한 생각에 달려 있습니다.

자비롭고 위대하신 부처님!

매체업자는 세계의 평화 촉진시킬 수도 있고

매체업자는 문명의 발전 촉진시킬 수도 있습니다.

오늘날 정보의 홍수 시대에서

인류는 선량한 매체업자를 의지해

훌륭한 지혜와 능력의 수준을 높여야 합니다.

인류는 걸출한 전파업자에 의지해

정교한 문화유산을 전달해야 합니다.

자비롭고 위대하신 부처님!

우리는 세상의 매체업자 모두

직업적인 도덕성 갖추길 기원합니다.

타인의 사생활 존중하길 기원합니다.

신지식 열심히 흡수하길 기원합니다.

끊임없이 새롭게 개혁해 나가길 기원합니다.

자비롭고 위대하신 부처님!

우리는 매체 종사자들이 모두
세간의 따뜻한 면 더 많이 보도해 주기를 기원합니다.
사회의 아름다운 면 더 많이 보도해 주기를 기원합니다.
사상의 밝은 면 더 많이 보도해 주기를 기원합니다.
인생의 도덕적인 면 더 많이 보도해 주기를 기원합니다.
자비롭고 위대하신 부처님!
대중매체업자는
전 국민의 훌륭한 스승이요 유익한 친구입니다.
그들은 사회에 전파해야 할 책임뿐만 아니라
군중을 교육해야 하는 임무도 가지고 있습니다.
중대한 정치와 경제 문제는
그들의 분석에 의지해야 합니다.
소시민의 마음의 소리는
그들의 대변에 의지해야 합니다.
부처님 위신력의 가피로
전 인류가 어질고 착한 이 될 수 있게 해주시고
사바세계가 조속히 인간정토로 바뀌게 해주시길 기원합니다.
자비롭고 위대하신 부처님!
지극한 정성으로 드리는 저의 기원 받아주시기 바라옵니다.
지극한 정성으로 드리는 저의 기원 받아주시기 바라옵니다.

선하고 좋은 인연

불광기원문 078

체신업 노동자를 위한 기원문

자비롭고 위대하신 부처님!
제자는 가장 정성스런 마음으로 부처님께 말씀올립니다.
우리는 체신업 노동자에게 감사를 드리고 싶습니다.
그들이 있기에 집 떠난 여행자가
향수를 잊어버릴 수 있고
그들이 있기에 사랑하는 연인이
속마음 털어놓을 수 있고
그들이 있기에 먼 곳에 있는 친구와도
장애 없이 왕래할 수 있고
그들이 있기에 공업과 상업에서

많은 성과 올릴 수 있었습니다.
그들은 교량처럼
인간과 인간 사이에 정을 이어주있고
그들은 차량처럼
모두의 발걸음을 대신해 줍니다.
자비롭고 위대하신 부처님!
봉화와 서신은 만금보다 귀하다 했습니다.
세상의 체신업 노동자가
우편사무를 영광으로 여기고
우편사업을 자랑으로 여기길 기원합니다.
자비롭고 위대하신 부처님!
보시옵소서!
우편집배원은 우편물을 배달하기 위해
뙤약볕과 빗줄기 속에서의 고생은 아랑곳하지 않고
사납게 짖어대며 달려드는 개도 아랑곳하지 않습니다.
우편분류원은 우편물을 점검하기 위해
피로로 눈조차 뜨기 힘들어도
반복되는 동작에서 오는 지루함도 아랑곳하지 않습니다.
설치기사는 케이블을 설치하기 위해
산골짜기 추락의 위험도 아랑곳하지 않고
천둥과 번개, 감전의 위험도 아랑곳하지 않습니다.
우편, 전보, 전기가 단절되었을 때

체신노동자는 곧바로 처리해야 합니다.
서둘러 원인을 밝혀내고
잘못된 곳을 제 시간에 보수해야 합니다.
체신업무는 전 국민의 행복과 밀접하게 연관되어 있고
체신사업은 사회의 발전과 밀접하게 연결되어 있습니다.
그러므로 더욱 부처님의 가호를 바라옵니다.
상호 협조하는 가운데
세상이 한 가족이라는 목표를 조속히 실현시키고
세계가 한 생활권이라는 이상이 하루속히 성취되길 기원합니다.
자비롭고 위대하신 부처님!
지극한 정성으로 드리는 저의 기원 받아주시기 바라옵니다.
지극한 정성으로 드리는 저의 기원 받아주시기 바라옵니다.

선하고 좋은 인연

불광기원문 079

폐기물 처리인을 위한 기원문

자비롭고 위대하신 부처님!
저는 정성스런 마음으로 부처님께 말씀드리옵니다.
현재 세계에는 자원 낭비 현상이 만연하고 있습니다.
현재 지구에는 폐기물 오염문제가 두드러지고 있습니다.
과거에는 사람들이
죽 한 그릇 밥 한 그릇 내게 오기까지 어려움을 생각하고
실 한 올 한 올도 만든 이의 노고를 생각하라 하였습니다.
현대인들은 쉽게 얻을 수 있기 때문에
많은 사람이 함부로 쓰다 버리고
물건을 낭비하는 사람을 어디서나 볼 수 있습니다.

다행하게도 묵묵히 폐기물을 분류 정리하고
쓰레기더미 속에서 공덕을 쌓고 있는 폐기물 처리인들이 있습니다.
자비롭고 위대하신 부처님!
폐기물 처리 업종에 종사하는 사람은
못쓰게 된 쇠붙이를 제련하여 정교한 강철로 만드는 명장과 같습니다.
폐기물 처리 업종에 종사하는 사람은
남은 반찬으로 훌륭한 요리를 만들어내는 솜씨 좋은 주부와 같습니다.
그들의 기술과 지혜에서
낡고 썩은 것이 신기하게 변화되었습니다.
그들의 선하고 아름다운 마음가짐에서
폐기물은 자원으로 변모되었습니다.
그들의 고생 덕분에
버려진 자원에게 참신한 생명이 부여되었고
오래된 물건은 사용 수명이 연장되었습니다.
그들의 노력 덕분에
환경을 오염시키는 공해가 개선되었고
생태계의 선순환이 촉진되었습니다.
자비롭고 위대하신 부처님!
부처님의 가피로 폐기물 처리인들이
애쓴 만큼 더 많은 긍정 받게 하시고
공헌한 만큼 대중의 반성 불러일으키고
그들의 정신이 사회의 모범이 되게 해주시옵소서.

불광기원문

자비롭고 위대하신 부처님!
부처님께서는 '유정한 중생이건 무정한 중생이건
나란히 불도를 이룰지니라.'고 하셨습니다.
물건 하나하나 모두 생명의 가치 지니고 있습니다.
부처님께서 모든 이를 자비롭게 가피해 주시옵소서.
모든 이가 폐기물 처리인을 통해 배우길 바랍니다.
부모는 멍청하다고 자녀를 업신여기지 말고
스승은 가르치기 힘들다고 제자를 포기하지 말고
상사는 어리석다고 부하에게 화를 내지 말고
관리는 완고하고 우둔하다고 민중을 싫어하지 않길 바랍니다.
우리는 폐기물 처리인을 본받아
안 좋은 사물을 수신 양성하는 좋은 인연으로 여기고
나아가 분발의 원동력으로 전환시켜야 합니다.
귀에 거슬리는 말은 제불보살의 다라니*로 새겨들어야 하고
나아가 자비와 희사의 원력으로 승화시켜야 합니다.
자비롭고 위대하신 부처님!
지극한 정성으로 드리는 저의 기원 받아주시기 바라옵니다.
지극한 정성으로 드리는 저의 기원 받아주시기 바라옵니다.

---

* **다라니**: 범어의 음역으로 총지總持, 능차能遮라 번역한다. 즉, 무량한 불법을 항상 간직하여 잊지 않게 하는 지혜력이다. 후세에 주문과 혼동하면서 주문을 통칭해 다라니라 했다.

선하고 좋은 인연

불광기원문 080
전사장병을 위한 기원문

자비롭고 위대하신 부처님!
"바람은 쓸쓸하고 역수는 차갑구나.
인세人世에 드문 장사, 한 번 떠나면 다시 돌아오지 못하리."
이는 바로 출정하는 장병의 심정입니다.
이는 바로 장병들이 지녔던 신념입니다.
그들은 나라와 국민을 구하고자 소아小我를 희생하고
생명과 뜨거운 피로
비장한 역사를 썼습니다.
그들은 임무 완수를 위해 생명을 바쳐
용기와 충심으로

격앙된 악장樂章을 써냈습니다.

죽음을 두려워 않는 그들의 담대함은

천지를 놀래키고 귀신을 감동시키기에 충분합니다.

정의를 위해 망설임 없이 뛰어드는 그들의 용기는

산을 감동시키고 바다를 무릎 꿇게 하기에 충분합니다.

자비롭고 위대하신 부처님!

나라를 위해 순국한 그들을 가호하시어

그들의 충혼이 좋은 곳에 왕생토록 해주시고

그들의 영혼이 원력을 타고 다시 오게 해주시고

그들의 유족이 적절한 보살핌을 받게 해주시고

그들의 자손이 충의를 자손만대 전하도록 해주시옵소서.

자비롭고 위대하신 부처님!

순국한 장병이 후손에게 남긴 것은

묘비에 새겨진 이름만이 아니고

역사에 기록된 사건만도 아닙니다.

그들의 색신은 이미 사라졌을지라도

국가와 국민을 위한 그들의 정신은

천지와 일월과 함께 빛날 것입니다.

자비롭고 위대하신 부처님!

부처님의 보호를 구하옵니다.

전 인류가 서로 다투지 않고

평화롭게 공존해 나가게 해주시고

법계의 중생이 물과 기름 같은 사이가 아닌
서로가 한 가족 될 수 있게 해주시옵소서.
미래의 세계는
살인과 방화, 강도의 마왕 사라지고
흉악한 폭력의 무부武夫 사라지고
다만 자비와 희사喜捨하는 어진 이만 있고
다만 장수와 안락을 누리는 중생만 있기를 희망하옵니다.
자비롭고 위대하신 부처님!
지극한 정성으로 드리는 저의 기원 받아주시기 바라옵니다.
지극한 정성으로 드리는 저의 기원 받아주시기 바라옵니다.

선하고 좋은 인연

自覺・行佛

비지悲智와 원행願行

깨달음과 실천

한마디 한마디에 마음을 담아
간곡하게 기원하노니
물처럼 세속의 근심 다 씻어내고
빛처럼 어둠이 물러나게 하시옵소서

여래와 중생은 한 몸과 같나니
인간세상에서 자각하고 행불하게 하시옵소서

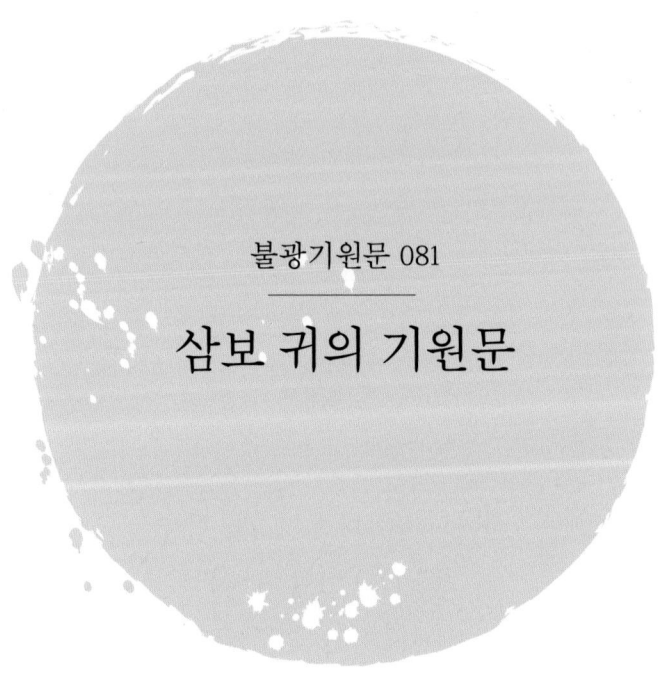

불광기원문 081

삼보 귀의 기원문

자비롭고 위대하신 부처님!
오늘은 저희에게 매우 기쁜 날입니다.
저는 더 이상 길을 잃고 방황하지 않게 되었습니다.
저는 더 이상 삿된 생각에 사로잡혀 집착하지 않게 되었습니다.
저는 이제 진정한 부처님 제자가 되려 합니다.
저를 어둠 속에서 광명의 세상으로 데려와 주신
부처님께 감사드립니다.
저를 오탁함 속에서 청정한 도량으로 데려와 주신
부처님께 감사드립니다.
저를 미혹과 집착에서 정각正覺의 불법으로 데려와 주신

부처님께 감사드립니다.
지를 번뇌 속에서 해탈의 정토로 데려와 주신
부처님께 감사드리옵니다.
부처님이시여!
오늘 부처님 앞에서 삼보에 귀의하옵니다.
저는 부처님께 귀의하오며
앞으로 외도사마에 귀의하지 않을 것임을 서원합니다.
저는 가르침에 귀의하오며
앞으로 외도사교에 귀의하지 않을 것임을 서원합니다.
저는 승가에 귀의하오며
앞으로 외도사문에 귀의하지 않을 것임을 서원합니다.
끊임없이 굽이치는 고해 안에서 삼보를 범선으로 삼고
활활 타오르는 화택 가운데서 삼보를 은혜로운 빗줄기로 삼고
한 치 앞도 보이지 않는 어둠 속에서 삼보를 등불로 삼고
망망하게 펼쳐진 갈림길 위에서 삼보를 나침반으로 삼겠습니다.
자비롭고 위대하신 부처님이시여! 기원드리옵니다.
제가 불교의 진리 이해할 수 있게 하시고
제가 불법 배우는 데 정진할 수 있게 하시고
제가 자신의 책무 인식할 수 있게 하시고
제가 발심하여 불법 지키게 해주시옵소서.
자비롭고 위대하신 부처님이시여! 기원드리옵니다.
제가 타인에게 지적을 받으면

부끄럽게 여겨 참회하고 반성하도록 해주시옵소서.
제가 장애를 만나면
적극적이고 진취적으로 돌파해 나가게 해주시옵소서.
자비롭고 위대하신 부처님!
대 성자이신 부처님의 제자가 되니
저의 무한한 영광이옵니다.
이제부터
저는 삼보의 제자가 되었으니
인연과보因緣果報 배울 것입니다.
고공무상苦空無常 이해할 것입니다.
대승불법大乘佛法 봉행할 것입니다.
스스로를 제도한 뒤 타인을 제도할 것입니다.
선정과 계행을 닦아
스스로 깨달은 뒤 타인을 깨닫게 할 것입니다.
자비롭고 위대하신 부처님!
깊은 마음에서 우러나오는 저의 기원 받아주시기 바라옵니다.
깊은 마음에서 우러나오는 저의 기원 받아주시기 바라옵니다.

비지와 원행

불광기원문 082

오계 수지 기원문

자비롭고 위대하신 부처님!
번뇌와 무명 가득한 저희 중생은
매일 신·구·의 삼업을 마구 저지르고
탐·진·치 삼독이 횡행토록 내버려 둡니다.
내가 잘났다는 교만은 산과 같고
질투와 악한 마음은 독과 같습니다.
자비롭고 위대하신 부처님!
자신을 올바로 수행하지 않고 자신을 정화하지 않은 저는
곧 생사의 대해에 빠져 헤어 나오지 못할 것 같습니다.
위대하신 부처님이시여!

제가 새사람이 되게 해주시옵소서.

저는 결심했습니다.

앞으로

다시는 타인의 생명 살해하지 않겠습니다.

다시는 타인의 재물 훔치지 않겠습니다.

다시는 타인의 정절 범하지 않겠습니다.

다시는 타인의 명예 공격하지 않겠습니다.

다시는 타인을 해치는 약물 흡입하지 않겠습니다.

위대하신 부처님이시여! 기원하옵니다.

제가 수계 때의 초심을 가슴 깊이 새겨

세세생생 더 이상 계를 어기지 않게 해주시옵소서.

제가 이 수계의 공덕으로

세세생생 커다란 선지식 만나게 해주시옵소서.

자비롭고 위대하신 부처님!

저는 모든 악 짓지 않고 모든 선 봉행하기로

결심하였습니다.

앞으로

제가 받는 모든 고통은

거역으로써 상대방의 수행을 증진·향상시키는 연분의

역증상연逆增上緣으로 바꿀 것입니다.

제가 흘리는 눈물은

수행의 자양분으로 바꿀 것입니다.

부처님이시여! 기원하옵니다.
앞으로
제가 욕심내지 않는 법을 배워
편안히 수행하는 생활 배우게 해주시고
제가 성내지 않고
자신의 결점 반성하는 것 배우게 해주시옵소서.
제가 어리석지 않고
본래 가진 불성 아끼는 것 배우게 해주시고
제가 의심하지 않고
타인의 장점 칭찬하는 것 배우게 해주시옵소서.
저는 바다와 같은 관용으로
인간의 풍파 포용하길 원하옵니다.
저는 대지와 같은 겸손으로
깨끗하고 더러운 것 모두 감당하길 원하옵니다.
자비롭고 위대하신 부처님!
오늘 부처님 전에 꿇어 앉아
원망도 후회도 없이 드리는
이 수계하는 제자의 다짐 들어주시기 바라옵니다.
자비롭고 위대하신 부처님!
지극한 정성으로 드리는 저의 기원 받아주시옵소서.
지극한 정성으로 드리는 저의 기원 받아주시옵소서.

비지와 원행

불광기원문 083

헌등 기원문

자비롭고 위대하신 부처님!
제가 올리는 이 마음의 등 받아주시기 바라옵니다.
먼 옛날 인류는 햇불을 발명하여 혼돈에서 걸어 나왔고
밤에 항해하는 선박은 등대의 불빛이 있어
방향을 확실히 알 수 있습니다.
등은 너무나도 중요합니다.
그러나 세간의 수많은 불빛도
부처님께는 천만 분의 일도 미치지 못합니다.
부처님께서 세간에 태어나시어
법을 보여주고(示)

법을 가르쳐 깨우쳐주고(敎)

이끌어 이롭게 하고(利)

행하여 기쁘게 하는(喜)

진리의 밝은 등불을 밝히셨습니다.

그때부터 고해 속의 중생에게도 제도된다는 희망이 생겼습니다.

사바세계의 유정도 구제된다는 미래를 얻었습니다.

얼마나 많은 사람이 고통의 새장에서 해탈되었고

얼마나 많은 사람이 번뇌의 화택에서 벗어났는지 모릅니다.

자비롭고 위대하신 부처님!

제가 지금 당신께 바치는 이 마음의 등은 형상이 없습니다.

그것은 제 법신혜명 속에서 불을 밝힌 횃불이고

그것은 제 법신진여 속에서 타오르는 마음입니다.

부처님의 가피를 얻길 희망하옵니다.

이 마음의 등이 항하사 수만큼 많은 세계 환히 밝히기를 바라옵니다.

욕계欲界, 색계色界, 무색계無色界에 거하는

삼계구지三界九地 모든 중생 보호하기를 발원합니다.

자비롭고 위대하신 부처님!

가난한 여인 난다가 보시한 등 하나로*

장차 성불하여 등광여래燈光如來의 명호를 받을 것이라는

부처님의 수기까지 받았습니다.

일본 히에이잔* 위의 꺼지지 않는 등은

오랜 세월을 지나오면서도 줄곧 밝게 빛나고 있습니다.

오늘 제가 올리는 이 등은
저를 위한 무언가를 바라고자 함이 아닙니다.
오직 모든 이가 밝게 빛나는 미래를 가지길 바라는 것입니다.
오직 모든 이가 함께 불도를 이루는 날이 오기를 바라는 것뿐입니다.
저는 다시 한 번 부처님의 가피를 바랍니다.
저의 이 등이 무진등이 되어 등불이 서로를 비추고
인류를 위해 내일의 희망에 불을 밝히게 해주시옵소서.
자비롭고 위대하신 부처님!
이 세상에는 아직도 부처님을 필요로 하는 수많은 사람이 있습니다.
그들에게 반성과 회개의 등을 내려주시옵소서.
그들에게 자성의 등을 내려주시옵소서.
그들에게 성실과 신용의 등을 내려주시옵소서.
그들에게 견고한 믿음의 등을 내려주시옵소서.
이들 모두 부처님의 자비광명으로 가피해 주시어
하루빨리 마음의 밝은 등 밝힐 수 있게 하시고
속히 자아의 본성 찾을 수 있게 해주시옵소서.
모든 이가 서로를 밝게 비추고 서로에게 은혜 베풀기를 희망합니다.
모든 이가 등불을 이어가며 미래에까지도 이어지기를 희망합니다.
자비롭고 위대하신 부처님!
지극한 정성으로 드리는 저의 기원 받아주시옵소서.
지극한 정성으로 드리는 저의 기원 받아주시옵소서.

* 『현우경賢愚經』에는 가난한 여인 난다가 정성스런 마음으로 등을 밝혔는데, 특히 밝고 영롱하여 모든 등 가운데서 가장 돋보였다 한다.
* 히에이잔(比叡山): 일본 천태종의 본산이고 고야산高野山과 함께 일본 불교의 양대 총림이다.

불광기원문 084

공수법회 기원문

자비롭고 위대하신 부처님!
저는 성실한 재가신도 중 한 사람입니다.
저는 사찰의 공수법회共修法會에 참가하길 즐깁니다.
염불과 참선을 하며 저는 늘 마음 깊이 부처님을 갈망합니다.
제불보살의 탄신일에는 저는 기쁜 마음으로 경축합니다.
사찰의 낙성일에는 저 역시 흥분을 감출 수 없습니다.
양황梁皇, 수참水懺 때에는
저 역시 항상 기쁜 마음으로 봉사합니다.
대비참법회 때에는 저는 더욱 기쁩니다.
헌등과 조산朝山 때에는

저 역시 성대한 행사에 즐겁게 참여합니다.
부처님께 말씀드립니다만
매번 기도법회 시간에는
저는 늘 부처님의 청정한 법수를 받사옵니다.
공수법회에서는 저는 선열과 법희를 얻고
저는 의혹이 낱낱이 해소됨을 느낍니다.
함께 기도하는 거사님과 보살님들을 뵐 때면
저는 도반들과의 애정이 생겨나고
저는 법계가 조화롭다는 것을 느낍니다.
기도의 상서로운 분위기가 온몸을 감싸면
인아人我와 시비是非는 한순간에 저 멀리 달아나고
무명과 번뇌는 그 즉시 형체도 없이 사라집니다.
저는 법회를 매우 좋아합니다.
법회는 법을 통해 사람을 모이게 하고
법회는 법을 스승으로 삼게 하고
법회는 법을 삶의 궤도로 삼게 하고
법회는 법을 통해 즐거움을 얻게 해주기 때문입니다.
우리는 공수법회에서 대덕이나 장자의 법문 듣기도 하고
함께 수양하는 도반의 도움 받기도 하면서
저는 선연이 구족됨 깊이깊이 감사드립니다.
저는 얻기 힘든 사람 몸 매우 소중히 여길 것입니다.
자비롭고 위대하신 부처님!

저는 부처님의 가르침 따르길 원하옵니다.

저는 부처님의 뜻 봉행하길 원하옵니다.

저는 사회에 봉사하며

부처님의 기쁘게 타인을 이롭게 하는 정신 널리 알리겠습니다.

저는 게으름 없이 정진하며

널리 중생을 이롭게 하신 부처님의 발자취 따르겠습니다.

자비로써 저희를 가피해 주시고

지혜로써 저희를 인도해 주시고

광명으로 저희를 보호해 주시고

감로수로 저희를 윤택하게 해주시길 기원합니다.

우리의 신체가 건강하고 무탈하게 해주시고

우리의 사업이 원활하고 순조롭게 해주시고

우리의 가정이 행복하고 원만하게 해주시고

우리의 마음이 정화되고 조화롭게 해주시옵소서.

우리가 모두 존중하고 포용할 수 있게 해주시고

우리가 모두 원만하고 자재롭게 해주시옵소서.

자비롭고 위대하신 부처님!

지극한 정성으로 드리는 저의 기원 받아주시기 바라나이다.

지극한 정성으로 드리는 저의 기원 받아주시기 바라나이다.

비지와 원행

불광기원문

불광기원문 085

아미타불을 향한 기원문

자비롭고 위대하신 아미타불이시여!
저는 매일 아미타불 전에 찾아와
지극히 공경하고 경건한 마음으로
아미타불 성호를 염불하고
아미타불 금용金容 향해 절을 올립니다.
아미타불 백호광명白毫光明 온 우주를 밝게 비추옵고
아미타불 법안法眼 바닷물처럼 맑고 투명하옵니다.
오랜 겁 전에 중생을 제도하여 구하시겠다며
48가지 서원 세우신 아미타불께
저희는 진심 어린 감사를 드립니다.

아미타불께서는 10겁 이전에 원만하게 불도를 이루셔서
극락정토를 장엄하게 하셨습니다.
아미타불께서 계신 그곳은
칠보연못 가운데는 연꽃이 피어나고
팔공덕수가 부드럽고 맑으며
가로수와 누각 가지런히 서 있고
향기로운 바람 항상 대중의 마음 편안케 하고
법음과 아름다운 소리 곳곳마다 울려 퍼지고
기이한 꽃과 새가 불법 선양하고
의복과 음식 부족함이 없이 얻고자 하는 대로 얻으며
제상선인 한 곳에서 만날 수 있으며
매일 아침 제불들께 공양 올리옵니다.
자비롭고 위대하신 아미타불이시여!
저는 당신께 제 마음 털어놓으려 합니다.
우리가 사는 이 오탁악세 속에서
저희의 근심과 괴로움은 커다란 바다처럼 깊고
저희의 번뇌는 넝쿨처럼 끊임없이 엉켜 있습니다.
아미타불께서 자비로운 서원으로 저를 섭수하시어
제가 꿈속에서
당신의 금신金身 볼 수 있게 하시고
당신의 정토에서 노닐 수 있게 하시고
당신의 감로관정 받게 해주시고,

당신의 광명 얻을 수 있게 해주시옵소서.
제가 숙업 소멸하고
제가 선근 증장하고
제가 번뇌 소멸하고
제가 원력 제고하게 해주시옵소서.
바라옵건대 아미타불께서 자비심으로 저를 제도하시어
제가 세간 인연 다하였을 때
떠날 때를 미리 알고 신체에 질병의 고통 없게 해주시고
마음이 뒤죽박죽되지 않고 정념 분명하게 해주시옵소서.
바라옵건대 아미타불과 보살 성중이
손에 금대金台를 짚고 빛무리에 둘러싸여 맞이하러 오시면
보고 듣는 모든 이로 하여금
환희롭게 찬탄하고 보리심 낼 수 있게 해주시고
훌륭한 법음 듣고 무생인無生忍 얻게 해주시옵소서.
모든 중생이
서방극락세계에 함께 나서 영원히 윤회하지 않게 해주시옵소서.
자비롭고 위대하신 아미타불이시여!
지극한 정성으로 드리는 저의 기원 받아주시옵기 바라옵니다.
지극한 정성으로 드리는 저의 기원 받아주시옵기 바라옵니다.

비지와 원행

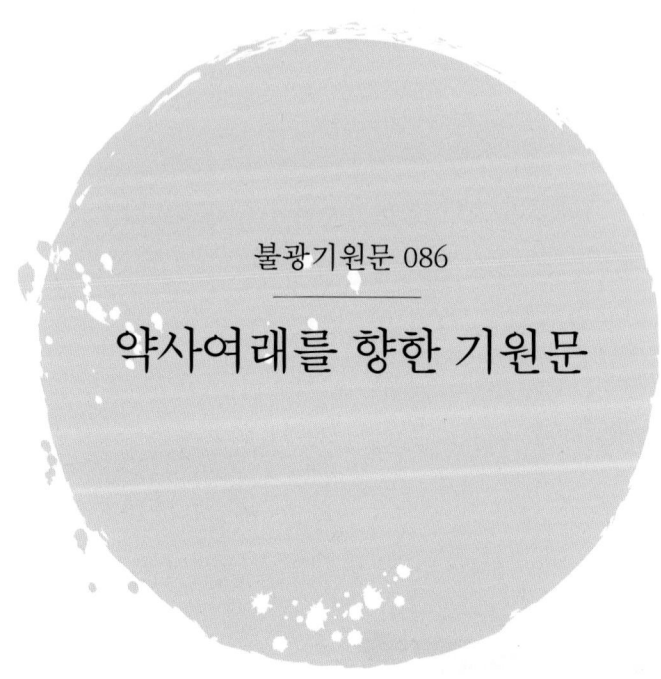

불광기원문 086
약사여래를 향한 기원문

자비롭고 위대하신 약사여래시여!
제가 드리는 이야기에 귀기울여 주시옵소서.
오늘날 세상에는 고난이 참으로 많습니다.
정치와 경제의 동요
지수화풍의 재난은
종종 순식간에 사람들의
소유물 전부를 잃어버리게 만듭니다.
사대가 조화롭지 못하여 헤어 나오기 힘든 병상 고통은
영웅호걸이라도 괴로움에 신음 토해내게 합니다.
탐진치는 번뇌가 무성하게 일어나는 업의 바다에서

파도처럼 끊임없이 몰아칩니다.
자비롭고 위대하신 약사여래시여!
제가 오늘 정성스런 마음으로
당신의 명호를 부르며
당신의 성용聖容에 예불하는 것은
단순히 저 개인의 가피만이 아니라
중생 모두 약사여래의 가호 얻길 기원하기 위해서입니다.
이 오탁악세 속
천재든 인재든 모두 업에 의해 만들어진 것입니다.
이 사바세계에서
심신의 고통은 번뇌로 인해 만들어진 것입니다.
만일 재난을 말끔히 없애고자 한다면
자신의 죄업을 먼저 없애야 하고
만일 유리정토를 세우자 한다면
자신의 신심을 먼저 정화해야 합니다.
그러므로 저는 약사여래께 바라옵니다.
우리의 탐욕과 성냄을 없애주시고
우리의 무명과 싸움을 없애주시옵소서.
저희는 모든 선근과 공덕을
법계의 일체중생에게 회향하기를 기원하옵니다.
약사여래께서 위신의 힘으로 저희를 가피해 주시길 바라옵니다.
저는 약사여래의 앞에서 다음의 청정한 서원 발하고자 합니다.

불광기원문

첫째 일체 중생이 평등하고 자재롭길 발원하나이다.
둘째 저의 모든 사업이 대중에게 이롭길 발원하나이다.
셋째 앞으로 놀람과 공포를 멀리 여의길 발원하나이다.
넷째 일체의 유정중생이 보리 얻어 안주하길 발원하나이다.
다섯째 천재와 인재가 형체 없이 사라지길 발원하나이다.
여섯째 장애를 가진 중생이 정상으로 회복하길 발원하나이다.
일곱째 병고에 시달리는 중생이 건강을 회복하길 발원하나이다.
여덟째 인간관계가 소통하고 조화롭기를 발원하나이다.
아홉째 삿된 견해를 가진 중생이 올바른 길로 돌아오길 발원하나이다.
열째 억울한 죄수들이 억울함을 회복하길 발원하나이다.
열한째 사회대중의 의식衣食이 풍부하길 발원하나이다.
열두째 모든 중생이 포용심과 존중하는 마음 갖길 발원하나이다.
커다란 자비를 베푸시어
인간 세상에도 유리정토를 건설할 수 있게 해주시옵소서.
자비롭고 위대하신 약사여래시여!
지극한 정성으로 드리는 저의 기원 받아주시기 바라옵니다.
지극한 정성으로 드리는 저의 기원 받아주시기 바라옵니다.

비지와 원행

불광기원문 087

관세음보살을 향한 기원문

자비롭고 위대하신 관세음보살이시여!
고난과 어려움에서 구하여 주시는 관세음보살께서는
자비롭게 제자의 진심어린 참회를 들어주시기 바라옵니다.
저는 철들면서부터
생명은 안정되지 못하다고 늘 느꼈습니다.
세간에서 생활하면서
일이 즐겁지 않다는 것을 항상 느꼈습니다.
자비롭고 위대하신 관세음보살이시여!
관세음보살 자비로운 모습 우러러볼 때면
제 마음에는 청량하고 자유자재가 느껴지고

관세음보살 성호를 부를 때면

제 정신은 해탈과 편안함 얻게 됩니다.

성스럽고 고결하신 관세음보살을 대하면 저는 부끄럽습니다.

관세음보살은 커다란 바다 같고, 저는 우물과 같습니다.

관세음보살은 해와 달 같고, 저는 반딧불이와 같습니다.

관세음보살은 산봉우리와 같고, 저는 언덕배기와 같습니다.

관세음보살은 사자왕과 같고, 저는 작은 쥐와 같습니다.

관세음보살은 오랜 세월 고생하셨으면서

중생을 자비심으로 구제하십니다.

관세음보살은 행하기 어려워도 행하시고

또한 고난의 소리를 찾아다니십니다.

제가 누구인데

저라고 못 하겠습니까?

자비롭고 위대하신 관세음보살이시여!

넓은 서원으로 저를 받아주시길 바라옵니다.

자비로운 서원으로 저를 구하여 주시길 바라옵니다.

제가 관세음보살의 무외원통無畏圓通 가지게 하시어

제가 악인을 만나면 악인 절로 감화되고

제가 폭도를 만나면 분노 절로 사라지고

제가 사마외도를 만나면 삿된 마음 절로 항복하고

제가 어리석음을 만나면 커다란 지혜 얻게 해주시옵소서.

자비롭고 위대하신 관세음보살이시여!

자비의 구름으로 저를 감싸주시길 바라옵니다.

저는 관세음보살의 중생을 구제하겠다는 정신을 배워

자비로운 눈길로 중생의 요구 관찰하고

귀로는 중생의 고통과 괴로운 소리 듣고

아름다운 말로 중생의 번뇌와 근심 위로하고

두 손으로는 중생의 상처를 어루만져 주고자 합니다.

자비롭고 위대하신 관세음보살이시여!

저는 관세음보살의 해탈과 자재 귀감으로 삼아

앞으로

왜곡된 망상을 멀리하고

자재롭게 사람을 바라볼 것입니다.

분별과 억측 멀리하고

자재롭게 대상 바라볼 것입니다.

집착과 속박 멀리하고

자재롭게 사물 바라볼 것입니다.

저는 오욕과 번뇌를 멀리하고

자재롭게 마음 바라볼 것입니다.

자비롭고 위대하신 관세음보살이시여!

지극한 정성으로 드리는 저의 기원 받아주시기 바라옵니다.

지극한 정성으로 드리는 저의 기원 받아주시기 바라옵니다.

비지와 원행

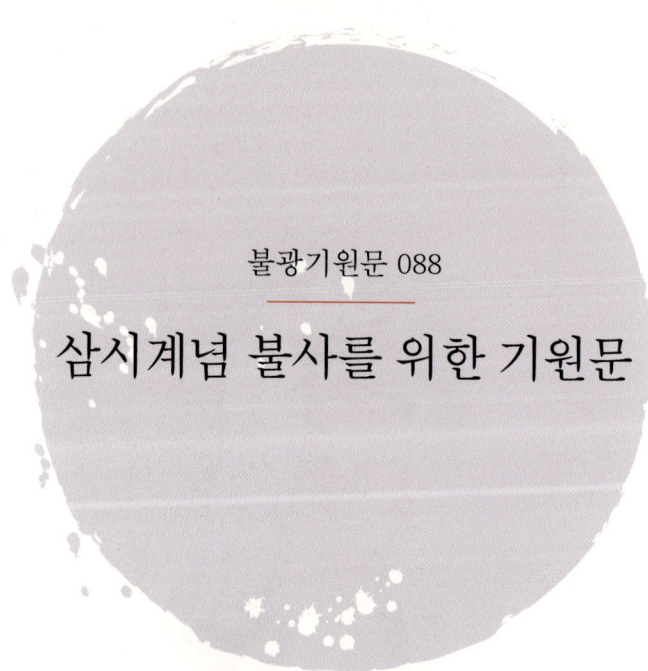

불광기원문 088

삼시계념 불사를 위한 기원문

자비롭고 위대하신 아미타불이시여!
우리는 오늘 ○○○영가의 삼시계념 불사*에 참가하고자
아미타불 전에 이렇게 모였사옵니다.
저희는 공경하는 마음으로 아미타불 불국정토 찬탄하고
저희는 경건한 목소리로 아미타불 성스러운 덕 노래하옵니다.
아미타불께서 성취하신 극락정토는
궁전은 백 가지 보물로 장엄되었으며
정원은 청정하고 아름다운 과일 풍성하며
범음梵音과 묘락妙樂이 나라 전체에 울려 퍼지고
어질고 선한 사람들이 한 곳 모여 사는 극락에서 만나게 됩니다.

자비롭고 위대하신 아미타불이시여!

○○○ 영가의 한 차례의 생명이 이미 다하였습니다.

그의 피로한 심식心識이

망가진 차를 타고 다시 사바세계에 오길 원치 않습니다.

그가 안전한 곳을 찾아 영원한 의지처로 삼길 희망합니다.

이 순간 오직 아미타불만이

그를 아미타불 불국정토로 인도하시어

칠보연꽃 연못에 그의 혜명慧命 자라게 하시고

팔공덕수로 그의 번뇌 말끔히 씻어 주시고

줄지어 선 보배나무로 그의 속세의 피로 털어내 주시고

가르침을 설하는 기묘한 새들로 그의 상처 치료해주시기 기원합니다.

저는 또한 ○○○ 영가에게 권합니다.

부디 신심의 집착 버리시고

부디 애증의 속박 내려놓으시고

부디 과거의 근심 잊어버리시고

부디 속세의 잡념 던져버리소서.

그리고 일심으로 정성스럽게 참회하며 아미타불 맞이하소서.

즐겁고도 기쁜 발걸음으로 아미타불 따라가소서.

이제 불국토에 안주하시어 윤회를 멀리하시고

이제 맑은 생각을 이어나가며 원만한 불과佛果 이루소서.

훗날 다시 만날 때는

그대는 이미 꽃 피우고 부처를 뵙고 무생을 깨달으시길 바랍니다.

다른 날 다시 만날 때

그대는 이미 원력을 타고 오시어 유정 중생 제도하길 희망합니다.

자비롭고 위대하신 아미타불이시여!

우리는 아미타불의 가르침에 감사하나이다.

우리는 중봉국사*의 법문에 감사하나이다.

우리가 '모든 괴로움 침입하지 못함이 극락'임을 알게 해주셨습니다.

우리가 '스스로의 본성이 아미타불'임을 알게 해주셨습니다.

우리가 '육근을 끊어버리면 연화대가 나타남'을 깨닫게 해주셨습니다.

우리가 '서방 극락세계는 마음 따라 생겨남'을 깨닫게 해주셨습니다.

이 불사공덕으로

법계의 일체 중생에게 회향하오니

망자가 극락세계에 들어 하루 속히 불도를 이루고

산 자는 삼학을 근면하게 닦아 함께 보리 증득하길 기원하옵니다.

자비롭고 위대하신 아미타불이시여!

지극한 정성으로 드리는 저의 기원 받아주시기 바라옵니다.

지극한 정성으로 드리는 저의 기원 받아주시기 바라옵니다.

---

* 삼시계념三時繫念 불사: 돌아가신 영가를 위해 여는 법회. 보통 오후 3~4시에 시작하며 하루 동안 봉행되는 법회로, 『아미타경阿彌陀經』 독송 후 영가를 위한 법문과 영가 시식을 각 3번씩 한다. 잡생각에 끄달리지 말고, 『아미타경阿彌陀經』에 설해진 내용에 따라 영가의 왕생극락을 발원한다. 법회 맨 마지막에는 돌아가신 영가와 더불어 유주무주 일체 고혼 영가를 위한 시식施食을 올린다.

* 중봉국사中峰國師: 원나라 때 절강 사람으로 임제종 승려이다. 절강성 천목산天目山에 머물렀으며 강남고불江南古佛이라고도 한다.

비지와 원행

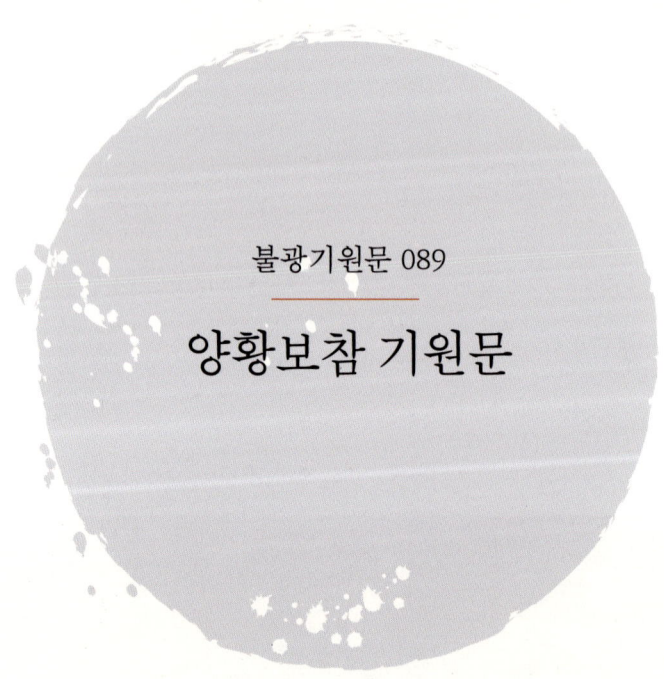

불광기원문 089

양황보참 기원문

자비롭고 위대하신 부처님!
무시겁無始劫 이래 우리 어리석은 중생은
얼마나 많은 악업 저질렀는지 모르옵니다.
그러나 더러운 우리의 신심 깨끗이 씻고
근심과 괴로움의 새장 벗어나 새롭게 출발할 수 있게
참회의 방법을 내려주신 부처님께 감사드리옵니다.
아사세왕*이 죄를 뉘우치고 악업 소멸한 것처럼
원료범*이 회개하고 원하는 바 이룬 것처럼
그들은 참회하여 죄를 소멸한 아름다운 이야기 세간에 남겼고
또한 용기 있게 잘못을 고쳐나가는 본보기 후세에 남겼습니다.

자비롭고 위대하신 부처님!

인간세상에서의 우리들 생활은

종종 안근眼根이 모든 색에 애착하기에

사랑의 노예가 됩니다.

종종 이근耳根이 음성을 쫓아가기에

청정한 본성이 미혹됩니다.

종종 비근鼻根이 향기에 집착하기에

세간의 인연에 물들고 맙니다.

종종 설근舌根이 악한 말 내뱉기에

끝이 없는 죄업 범합니다.

종종 신근身根이 탐진치를 일으키기에

수많은 번뇌 쌓이나이다.

갖가지 죄악 깊고도 넓어 끝이 없습니다.

이제 와 생각하니 눈물이 앞을 가리고 후회스럽기 그지없습니다.

양황보참梁皇寶懺 의궤에 따라

정성으로 정례하고 지난날의 죄업을 털어놓고자 합니다.

부처님 광명으로 가피해 주옵소서.

부처님의 자비로 지켜 주옵소서.

저의 역량 증상해 주시고

저의 선념 견고히 해주시어

제가 이미 지은 죄는 속히 멸하고

제가 짓지 않은 죄는 더 이상 짓지 않게 해주시옵소서.

지금부터

저는 '좋은 일 하고, 좋은 말 하고, 좋은 마음 갖자'는

'삼호三好'를 배우고 '삼호'의 씨앗을 퍼뜨리겠습니다.

저는 '인의를 말하고, 도의를 말하고, 은의를 말한다'는

'삼의三義'를 배우고 '삼의'의 기개 발양하겠습니다.

저의 모든 참회 선근을

아뇩다라삼먁삼보리에 회향하기를 기원하옵니다.

법계의 일체중생이

업장을 다 소멸하여 모든 근기 청정하게 해주시고

모든 근심 번뇌 없애 즐겁고 편안하게 해주시고

두려움을 모두 여의어 자재롭고 의심 없게 해주시고

다함께 정토에 나서 피안의 세계 오르기를 기원하옵니다.

자비롭고 위대하신 부처님!

지극한 정성으로 드리는 저의 기원 받아주시기 바라옵니다.

지극한 정성으로 드리는 저의 기원 받아주시기 바라옵니다.

---

* **아사세왕**: 인도 마가다국의 왕자. 아버지를 죽이고 직접 왕이 되었기에 온몸에 부스럼이 생겼다. 후에 부처님 앞에서 참회하자 완쾌되었다.

* **원료범袁了凡**: 임진왜란 때 조선의 요청으로 왔던 명나라 원군사령관 이여송을 따라온 사람 중 하나이다. 궁핍하여 벼슬길을 접었다가 후에 운곡회雲谷會 선사의 가르침을 받아 정진 봉행하여 운명을 바꿨다.

비지와 원행

불광기원문 090

자비삼매수참 기원문

자비롭고 위대하신 부처님!
제자 등은 오늘 부처님 전에 엎드려
자비삼매수참법*에 의지하여
삼가 부끄럽고 황송한 심정으로
지난날의 죄업 참회하고자 하옵니다.
자비롭고 위대하신 부처님!
무시이래로, 제가 혹시
삼보에 불손하고 부모에 불효하지는 않았는지요.
살인과 도둑, 음란과 거짓말로 중생 근심케 하지는 않았는지요.
탐욕하고 번뇌하며 쾌락에 탐닉하지는 않았는지요.

공이 높다 자만하고 성현 비방하지는 않았는지요.
인과를 노트고 비방하고 어리석게 삿된 견해에 빠지지는 않았는지요.
이제 제자 등은 정성을 다하여 참회하오니
자비롭고 위대하신 부처님께서
가엾이 여기시어 받아주시길 바라옵니다.
우리 마음속 어리석음의 어둠이
참회의 밝은 등불 덕분에 밝아지길 청하옵니다.
우리 번뇌의 불구덩이가
참회의 단비 덕분에 꺼지길 청하옵니다.
우리 탐욕의 홍수가
참회의 제방 덕분에 차단되길 청하옵니다.
우리 교만의 높은 산이
참회의 거대한 삽 덕분에 평평하길 청하옵니다.
우리 질투의 칼과 화살이
참회의 역량 덕분에 망가지길 청하옵니다.
우리 증오의 혼탁한 물이
참회의 맑은 진주 덕분에 깨끗하고 맑아지게 해주시옵소서.
자비롭고 위대하신 부처님!
앞으로 저는 자비로 인생을 아름답게 만들겠습니다.
앞으로 저는 존중하며 일체를 포용하겠습니다.
부처님의 광명으로 우리를 가피해 주시어
저희가 함부로 악업 짓지 않게 하시고

저희가 새로운 재난 입지 않게 하시고
저희가 인과 어긋나지 않게 하시고
저희가 신심 잊어버리지 않게 해주시옵소서.
자비의 구름으로 보호해 주시어
저희가 억울하고 응어리진 것을 풀게 해주시고
저희가 괴로움의 인연을 만들지 않게 해주시옵소서.
자비롭고 위대하신 부처님!
저희는 제불보살의 자비에 감사드리옵니다.
지극히 오랜 세월 동안
죄업의 깊은 연못에서 헤매는 중생에게
참회로 이끄는 법문이 불법이고
우리의 원업을 씻는 것이 법수입니다.
저희는 시방세계 대중을 대신해 참회하오니
좋은 나룻배에 다함께 타고
같이 해탈의 피안에 오르게 해주시옵소서.
자비롭고 위대하신 부처님!
지극한 정성으로 드리는 저의 기원 받아주시기 바라옵니다.
지극한 정성으로 드리는 저의 기원 받아주시기 바라옵니다.

＊**자비삼매수참**慈悲三昧水懺: 당나라 때 오달국사悟達國師가 삼매수三昧水로 부스럼을 씻은 뒤 누대에 걸친 원업寃業을 씻어냈다는 참회법이다.

비지와 원행

불광기원문

自覺·行佛

자비慈悲와 희사喜捨

깨달음과 실천

자비롭고 위대하신 부처님!
부처님의 자애로운 눈으로 중생의 고통 지켜보시고
부처님의 두 귀로 중생의 하소연 들어주시고
부처님의 두 손으로 중생의 상처 어루만져 주시고
부처님의 음성으로 중생의 마음 구하여 주옵소서

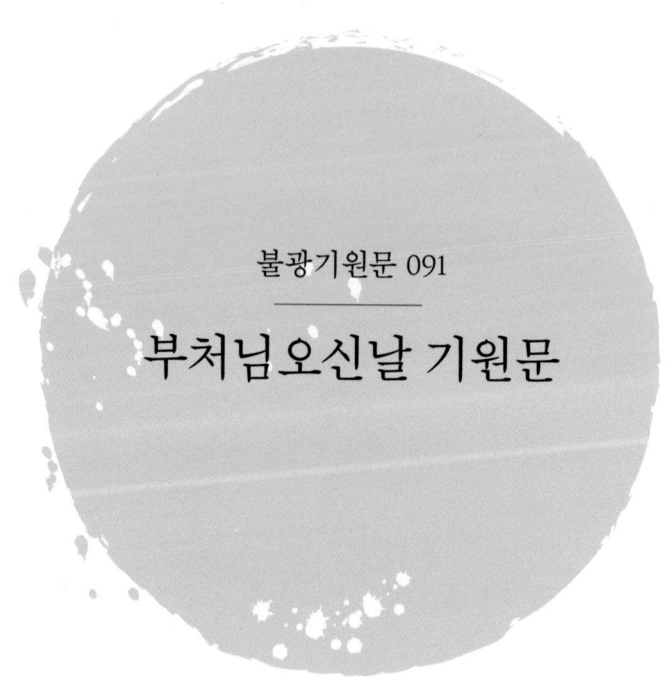

불광기원문 091
부처님오신날 기원문

자비롭고 위대하신 부처님!
저희는 이제 정성스럽고 공경하는 마음으로 예불 올리옵니다.
부처님께서 세간에 탄생하시어
화창하고 꽃피는 봄날에
룸비니동산에 기이한 꽃 앞 다투어 피어나고
카필라 왕국의 만민 기쁨이 넘쳐나고
불어오는 부드러운 바람에 향기 널리널리 퍼져 가고
온갖 새들이 다함께 합창하나니
이때부터 인간세상에 광명 생겨났사오며
이때부터 인간세상에 불법 생겨났사옵니다.

부처님께서는 한 손으로 하늘을 가리키고
또 다른 한 손으로 땅을 가리키며
천상천하 유아독존이라 선언하셨사옵니다.
부처님이 일곱 걸음 걷는데 걸음마다 연꽃이 피어나며
청정한 법수로 사바세계의 더러움 씻어내셨사옵니다.
자비롭고 위대하신 부처님!
부처님께서 사바세계에 탄생하시어
49년간 하신 설법이
어찌 삼대아승지겁에만 영향을 끼쳤을 뿐이겠습니까?
삼백여 차례의 강연이
어찌 무수한 중생에게만 복을 입혔겠습니까?
자비롭고 위대하신 부처님!
부처님께서는 계급적인 세간의 제도 타파하셨습니다.
부처님께서는 연기와 평등의 법문 설하셨습니다.
부처님께서는 중생에게 부처님의 식견 말씀하셨습니다.
부처님께서는 많은 유정중생이 미혹됨 일깨우셨습니다.
부처님이시여! 자비롭고 위대하신 부처님!
부처님께서 사바세계에 탄생하여 오신 날을 맞아
사찰에서는 관욕법회를 개최하여
신도의 온 가족이 부처님 탄신 경축하고 있습니다.
이는 불자들이 당신의 은덕 기념하는 것입니다!
이는 불자들이 당신의 보호에 감사하는 것입니다!

불광기원문

아! 위대하신 부처님이시여!
복과 덕이 두텁지 못한 저를 가엾이 여겨 주시옵소서.
자애로운 어머니를 그리워하는 심정으로
부처님의 위대한 성호 염불하옵니다.
자비롭고 위대하신 부처님!
저는 부처님 전에 두 무릎 꿇고
두 손으로 부처님의 빛나는 금빛 몸 어루만지고
향 한 대 사루며
부처님의 덕이 더욱 빛나고 법륜이 항상 돌기를 축원하옵니다.
제가 부처님의 불안佛眼과 서로 교감하여
중생의 괴로움 살피게 해주십시오.
제가 부처님의 불구佛口와 서로 교감하여
즐겁고 아름다운 말을 하게 해주시옵소서.
제가 부처님의 불신佛身과 서로 교감하여
항상 불청지우不請之友*를 행하게 해주시옵소서.
제가 부처님의 불심佛心과 서로 교감하여
중생에게 이로운 일 많이 행하게 해주시옵소서.
자비롭고 위대하신 부처님!
저희는 목숨 다하는 그날까지 진리 선양하길 발원하옵니다.
저희는 신명을 다 바쳐 유정중생 널리 제도하길 발원하옵니다.
자비롭고 위대하신 부처님!
지극한 정성으로 드리는 저의 기원 받아주시기 바라옵니다.

지극한 정성으로 드리는 저의 기원 받아주시기 바라옵니다.

＊**불청지우**不請之友: 청하지 않더라도 벗이 되어 도와준다는 말.

자비와 희사

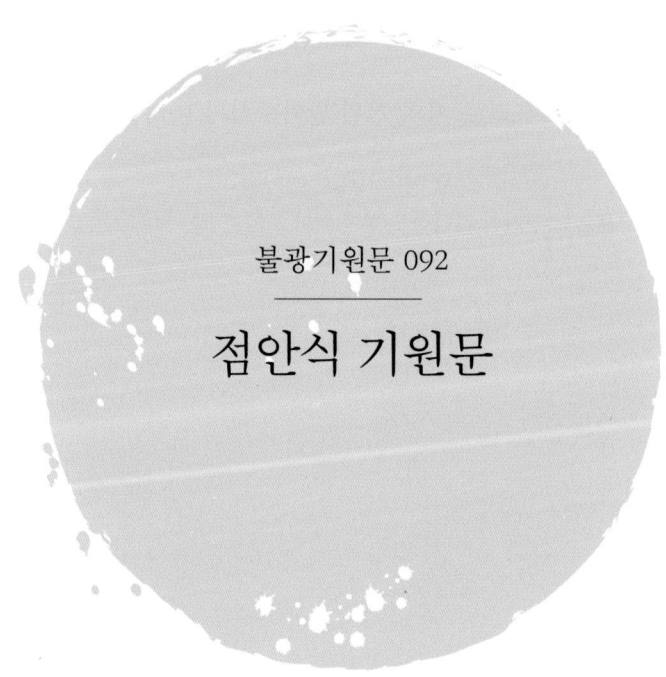

불광기원문 092
―――――
점안식 기원문

자비롭고 위대하신 부처님!
오늘은 저희 사찰에서 성상 금용聖像金容의 점안식이 있어
사부대중 제자들이 부처님 전에 이렇게 모였사옵니다.
지극히 정성된 마음으로 부처님을 찬탄하옵니다.
「천상천하 부처님만한 이 없고,
시방세계 어디에도 비할 이 없네.
세간을 두루 다 살펴보아도
일체 부처만한 분 아니 계시네.」
금련보좌에 단정히 앉으시어 여여부동하고
다정하고 편안한 얼굴은 청정하고 장엄하기까지 한

부처님의 모습을 저희들은 보았습니다.
자비로 환희롭게 베푸시며 신통력을 자유자재로 보이시고
법신은 걸림이 없이 시방세계에 두루 퍼져 있는
부처님을 저희는 또한 관조하였습니다.
자비롭고 위대하신 부처님!
부처님은 눈으로 중생의 고통 굽어 살피시고
부처님은 귀로 중생의 하소연 들어주시고
부처님은 손으로 중생의 상처 어루만져주시고
부처님은 음성으로 중생의 마음 구하여 주시옵니다.
자비롭고 위대하신 부처님!
부처님께서는 보좌에 편히 앉으시어
저희가 올리는 마음의 공양 받으시고
저희가 올리는 향과 꽃 받아주시옵소서.
부처님의 가피와 보호로
사찰은 홍법이생하면서 나날이 융성하게 해주시고
신도는 법을 듣고 예경하면서 의혹 낱낱이 풀게 해주시옵소서.
자비롭고 위대하신 부처님!
부처님의 성상금용은 수많은 신도의 동참으로 이루어진 것입니다.
부처님께서 그들을 보우하시어
신체가 건강하고 정신이 유쾌하게 하며
사업이 순조롭고 부족함 걱정 않게 하며
가족이 두루 평안하고 원하는 바를 얻으며

권속이 화목하고 불법 지켜나가며
벗들이 서로 돕고 선한 인연 얻길 바랍니다.
자비롭고 위대하신 부처님!
저희는 이 사찰과의 인연이 미치는 곳에
무릇 병이 난 이 있다면
부처님 보호 얻어 건강하게 회복되기를 바라옵니다.
신체에 장애를 지닌 이 있다면
부처님의 가피 얻어 병의 고통 줄어들기를 바라옵니다.
무릇 재난 입은 이가 있다면
부처님의 지혜 얻어 난관 뚫고 나가기를 바라옵니다.
부처님의 음덕으로
호법하는 신도대중이 일체의 걸림 없이
항상 길하고 뜻대로 이루기를 바라나이다.
본 도량이 법륜을 항상 돌려 부처님이 더욱 빛나기를 바라옵니다.
국가 사직이 온갖 풍상에도 순조롭고
국민이 풍년으로 물자가 풍부하길 바라옵니다.
세계인류가 잘 어울려 기뻐하며
서로 존중하고 포용할 수 있기 바라옵니다.
자비롭고 위대하신 부처님!
지극한 정성으로 드리는 저의 기원 받아주시기 바라옵니다.
지극한 정성으로 드리는 저의 기원 받아주시기 바라옵니다.

자비와 희사

불광기원문 093

부처님 치아사리 맞이 기원문

자비롭고 위대하신 부처님!
부처님께 감사드립니다!
부처님 치아 진신사리가 드디어 대만에 도착하였습니다.
부처님께서 우리에게 믿음을 주셨사옵니다.
부처님께서 우리에게 영광을 주셨사옵니다.
부처님께서 우리에게 진리를 주셨사옵니다.
부처님께서 우리에게 의지처를 주셨사옵니다.
자비롭고 위대하신 부처님!
저희는 부처님께 진심으로 말씀드립니다만
저희는 매일 생활 속에서 헛된 번뇌 망상에 사로잡히고

저희는 처신과 처세에서 원만하고 세심하지 못하옵니다.
저희는 부처님 말씀 의지하려 하니
모든 사람이 고통에서 벗어나도록 해주시옵소서.
저희는 부처님 가르침 따르고자 하오니
모든 사람이 아름답고 행복하게 해주시옵소서.
자비롭고 위대하신 부처님!
저희를 가피해 주시어
오늘부터 저희 전 국민이
'좋은 일 하고, 좋은 말 하고, 좋은 마음 갖자'는
'삼호三好'를 실천하려 합니다.
'청정한 계를 지니고, 선정을 닦고, 지혜를 배우자'는
부처님의 '삼학三學'을 실천하려 합니다.
'탐욕을 경계하고, 성냄을 버리고, 삿된 견해를 버리자'는
인생의 '삼독三毒'을 제거하려 합니다.
자비롭고 위대하신 부처님!
우리의 가정에는 참사랑이 결여되어 있고
우리의 사회에는 부패가 만연해 있고
우리의 인심은 편협하고 시기하며
우리의 세계는 전쟁 끊이질 않습니다.
우리 전 국민에게 믿음과 희망 주시길 바라오며
우리의 도덕적 인격 높여주시길 바라오며
우리의 인심이 이제부터 선량하고 빛나기를 기원하오며

우리의 세계가 이제부터 우애롭고 평화롭기를 기원하옵니다.

자비롭고 위대하신 부처님!

오늘부터

저희는 부처님께서 알아차리신 연기진리 깨닫고자 합니다.

저희는 부처님께서 이끌어 오신 오계십선 따르고자 합니다.

저희는 발심하여 타인의 인연 성취시키고자 합니다.

저희는 사회에 공헌하기 위해 노력하고자 합니다.

부처님이시여! 자비롭고 위대하신 부처님!

부처님의 치아사리가

부처님의 지혜로운 빛을 내뿜고

부처님의 위덕 드러내어

우리에게 지혜와 자비 내려주고

우리에게 신앙과 역량 내려주며

우리의 내일이 더욱 나아지고

우리의 미래가 더욱 아름답게 되길 기원합니다.

자비롭고 위대하신 부처님!

대중을 대신해 드리는 저의 모든 기원 받아주시기 바라옵니다.

대중을 대신해 드리는 저의 모든 기원 받아주시기 바라옵니다.

자비와 희사

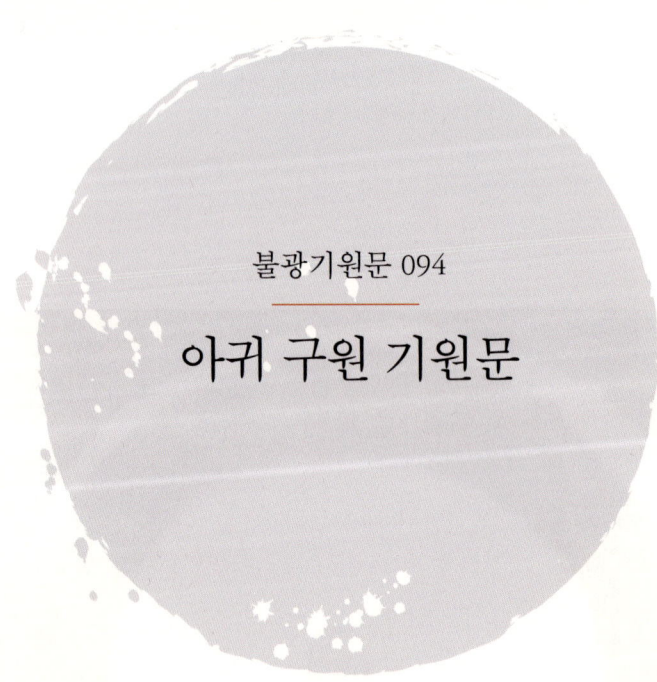

불광기원문 094

아귀 구원 기원문

자비롭고 위대하신 부처님!
부처님께서는 염구아귀와의 연기*를 빌려
아난존자에게 시식施食의 방법을 설하시어
다라니 진언으로
한 방울의 물로 강만큼의 치즈 만드시고
쌀 한 톨로 대지만큼의 곡식 변모시키시어
순식간에 대지의 굶주리고 허약한 이 널리 구제하셨고
일순간에 모래처럼 많은 아귀도 이롭게 하셨습니다.
그리하여 아귀중생은 이때부터 구제의 희망이 생겼습니다.
자비롭고 위대하신 부처님!

아귀는 가장 비참한 중생의 하나입니다.
그들의 세계에는 햇빛은 이미 사라져버렸고
무느러운 바람은 더 이상 불지 않습니다.
토지는 모두 황량해졌고 개울은 피고름이 가득 차 있습니다.
누구는 입에서 불꽃을 내뿜지만 사그라지지 않고 활활 타오릅니다.
누구는 배가 남산만큼 크지만 목구멍은 바늘구멍만큼 가늡니다.
누구는 입 안에서 악취를 풍겨 항상 구토를 합니다.
누구는 몸의 털이 단단하고 날카로워 고통 극심합니다.
그들은 오랜 세월 참기 힘든 배고픔과 갈증 겪었습니다.
그들은 음지에 몸을 숨기고 곳곳을 날아다닙니다.
그들은 마르고 초췌하여 보는 사람마다 두려워합니다.
그들의 머리카락은 마구 헝클어지고
낮에는 몸을 숨기고 밤에만 다닙니다.
아! 부처님이시여!
자비의 구름으로 그들을 보호해 주시어
그들의 목구멍이 늘 열려 있고 항상 배부르도록 해주시옵소서.
그들의 근심과 괴로움을 줄여서 하루속히 초탈하게 해주시옵소서.
자비롭고 위대하신 부처님!
아귀도의 중생 또한 업보에 따른 것입니다.
그들 중에는 살인과 도둑질, 음란을 저지른 자도 있고
그들 중 입으로 죄업을 지은 자도 있습니다.
부처님의 광명으로 그들을 가피하시어

그들이 인과를 이해하고 지난 잘못 뉘우치게 해주시고
그들이 삼보에 귀의하여 하루빨리 악도 벗어나게 해주시옵소서.
자비롭고 위대하신 부처님!
인간에도 나쁜 마음을 품은 이들이 많이 있습니다.
그들은 정당한 직업에 종사하지 않고 곳곳에서 해를 끼치고
그들은 온갖 사단을 야기하며 사회를 무너뜨리려 합니다.
자비롭고 위대하신 부처님!
저승의 귀신을 천도하는 것도 당연하지만
인간의 귀신 역시 제도해줘야 합니다.
부처님께서 그들을 가피하시어
과거 잘못된 인연 그들이 알아차리게 해주시고
그들이 새사람 될 기회 주시기 바랍니다.
사바세계 역시 극락정토 같이 악도라는 명칭 사라지고
어질고 선한 사람들이 한 자리에서 만나는 곳이길 희망합니다.
자비롭고 위대하신 부처님!
지극한 정성으로 드리는 저의 기원 받아주시기 바라옵니다.
지극한 정성으로 드리는 저의 기원 받아주시기 바라옵니다.

---

* 아난존자가 숲 속에서 선정에 들었다가 염구焰口 또는 면란面燃이라는 이름의 아귀를 보았다. 무섭게 생긴 모습에 아난이 그 연유를 묻자 아귀가 말하길 '생전에 욕심은 많고 인색하였기에 죽어서 아귀지옥에 떨어졌다.'고 했다. 오랜 세월 배고픔을 당해 몸 형체가 변하고 모든 고통을 당하는 그를 구하고 싶은 아난이 부처님께 부탁하자 부처님께서 음식을 베푸는 시식의 방법을 알려주셨다.

자비와 희사

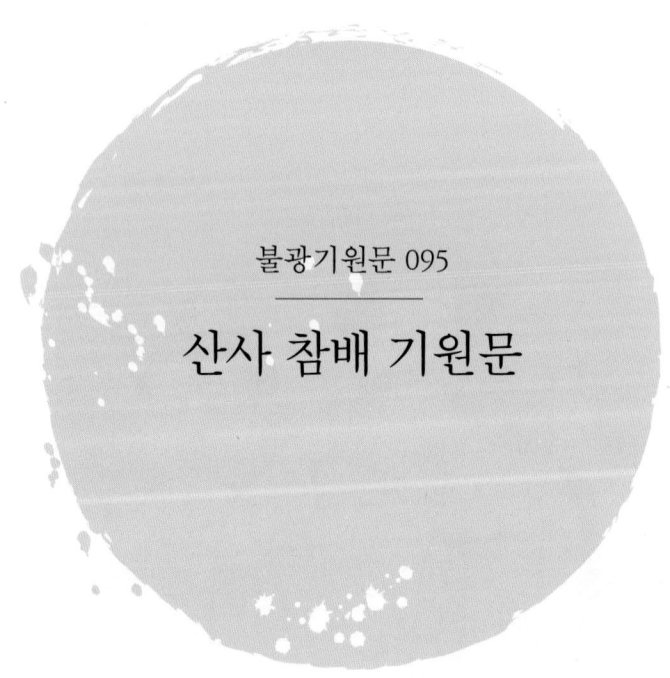

불광기원문 095

산사 참배 기원문

자비롭고 위대하신 부처님!
범종 소리 고요한 하늘을 깨뜨리고
목어 소리 독경 소리와 어우러집니다.
오늘 저희는 간절한 심정으로
이곳에 와 부처님의 성용聖容에 참배하옵니다.
이곳에 와 부처님의 금신金身에 예경하옵니다.
저희는 일심으로 성호를 염불하고
저희는 부처님의 발아래 오체투지하며 정례하옵니다.
순간, 잡념과 망상은 저 편으로 사라지고
순간, 나 잘났다 교만은 깨끗이 없어집니다.

저희의 맥박은 부처님과 호응하기 시작하고
저희의 마음은 점차 부처님과 교감합니다.
자비롭고 위대하신 부처님!
부드러운 바람이 서서히 불어오고
향기로운 구름이 주위를 서서히 물들입니다.
오늘 저희는 참회하는 심정으로
이곳에 와 부처님의 성용에 참배하옵니다.
이곳에 와 부처님의 금신에 예경하옵니다.
길 위에 돌멩이가 많아도 두렵지 않고
도중에 이슬이 젖어도 두렵지 않습니다.
우리의 업장을 소멸하지 못할까 걱정일 뿐이고
우리의 죄업의 먼지를 씻어내지 못할까 걱정할 뿐입니다.
우리가 귀의한 부처님이시여!
저희의 신구의 삼업 청정하게 해주시고
저희의 계정혜 삼학 증상하게 해주시고
저희가 평안하게 고해 건너게 해주시고
저희가 순조롭게 불국토에 닿게 해주시옵소서.
자비롭고 위대하신 부처님!
오늘 우리는 그리워하는 심정으로
이곳에 와 부처님의 성용聖容에 참배하옵니다.
이곳에 와 부처님의 금신金身에 예경하옵니다.
우리는 산 아래에서부터 산 위까지 오르면서 절을 하고

불광기원문

우리는 산문 밖에서부터 전각 안까지 가면서 절을 합니다.
우리가 절을 할수록 더 높은 곳에 오르게 되고
우리가 절을 할수록 부처님이 계신 곳과 더 가까워집니다.
우리가 가장 경모하는 부처님이시여!
우리는 부처님의 정신 본받아
자각각타自覺覺他 하기를 원합니다.
우리는 부처님 발자취를 좇아
자리리인自利利人 하기를 원합니다.
자비롭고 위대하신 부처님!
오늘 우리는 정진하는 심정으로
이곳에 와 부처님의 성용에 참배하옵니다.
이곳에 와 부처님의 금신에 예경하옵니다.
길이 멀다 해도 두려워하지 않고
산길이 험난해도 두렵지 않습니다.
우리는 드디어 부처님 전에 도착하였습니다.
우리는 드디어 부처님 발아래 엎드렸습니다.
우리의 존경을 받으시는 부처님이시여!
우리가 끊임없이 광명을 향해 가도록 보우해 주시고
우리가 보리의 길을 향해 발을 내딛도록 가피해 주시옵소서.
자비롭고 위대하신 부처님!
지극한 정성으로 드리는 저의 기원 받아주시기 바라옵니다.
지극한 정성으로 드리는 저의 기원 받아주시기 바라옵니다.

자비와 희사

불광기원문 096

출가수도자를 위한 기원문

자비롭고 위대하신 부처님!
오늘 부처님의 제자 ○○○ 등은 삭발하고
정식으로 승단에 적을 올렸사옵니다.
저들이 가족의 사랑 단념한 것은
진리를 구하여 더 큰 효를 힘써 행하고자 함입니다.
저들이 뿌리치기 어려워도 뿌리치고 온 것은
청정한 곳에 올라 용감하게 입도하고자 함입니다.
그들이 영원무궁한 미래에까지
발심이 퇴보하지 않도록 가호해 주옵소서.
이제부터

삼도육퇴三刀六槌와 사십팔단四十八單은
그들이 반드시 배워야 하는 과업이 될 것이고
삼천위의威儀와 팔만세행八萬細行은
그들이 반드시 갖춰야 할 조건이 될 것입니다.
자비롭고 위대하신 부처님!
부처님의 가피와 자비로
저들이 커다란 용광로 속에서 굳건한 의지를 단련하여
보리를 성취하겠다는 원력 이루게 하시옵소서.
저들이 새벽 범종과 저녁 법고를 따라
오분정근五分精勤 다섯 차례 기도예불 정진하여
장엄하고도 자상한 품성 기르게 하시옵소서.
저들이 운판과 호령 소리에 맞춰 각종 울력 성실하게 해내어
수없는 담금질을 통한 성장 얻게 하시옵소서.
출가한 승가대중이 인간의 책임 저버리지 않길 원하며
모든 입도자가 중생의 복지 잊지 않길 기원합니다.
승가의 용상들은 자신의 특기 발휘하길 바라옵니다.
강연과 교학에 소질 있는 이는 교육에 뿌리 내리고
편집과 글쓰기 소질 있는 이는 문화홍법에 힘쓰고
주지 소임을 맡은 이는 방편 내어 중생을 제도하고
자선 구제에 소질 있는 이는 힘들고 괴로운 이 돕게 해주시옵소서.
사리불 장로*는 강당의 건설 감독하였고
드라비야 존자*는 방부 안배 책임지고

현장대사*는 사막을 가로질러 천축에서 경전 가져왔고
감진대사*는 늙고 병든 몸으로 일본에 불교를 전파하였습니다.
그들은 무한한 시공간에 자신의 생명 흩뿌리며
불법이 융성해지기만을 희망하였습니다.
자비롭고 위대하신 부처님!
부처님께 기원합니다. 모든 출가수도자가
고덕과 선현의 발자취를 따라 육화경으로 신심 안주하고
사섭법으로 유정중생 제도하게 해주시옵소서.
수도하는 과정에서 그들은 나쁜 인연으로 시험에 부딪힐 수도 있고
홍법하는 여정에서 그들은 시련의 걸림돌 마주하게 될 수도 있습니다.
부처님께서 보우하시길 기원하옵니다.
그들의 도심을 견고하게 하여
봉사하여 희생하고, 희생하여 봉사하며
참기 어려워도 참고, 행하기 어려워도 행하게 해주시옵소서.
자비롭고 위대하신 부처님!
지극한 정성으로 드리는 저의 기원 받아주시옵소서.
지극한 정성으로 드리는 저의 기원 받아주시옵소서.

---

* **사리불 장로**: 부처님의 십대제자 중의 한 명이며, 대중 가운데 가장 뛰어나 '지혜제일'이라 한다.
* **드라비야 존자**: 부처님 당시 제자. 수리 및 물자조달, 방부배정 등을 발심하여 처리했고, 손가락에서 빛을 냈다고 한다.

* **현장대사**: 당나라 때 하남河南 출생. 경론 75부 1,335권을 역경하였으며 4대 역경가 가운데 으뜸이다.
* **감진대사**: 당나라 때 승려. 일본으로 건너가 홍법하여 중대한 영향을 끼쳤기에 '일본 문화의 아버지'라 칭한다.

불광기원문 097

재가신도들을 위한 기원문

자비롭고 위대하신 부처님!
'불법은 듣기 어렵고 선심은 내기 어려우며,
나라에 태어나기 어렵고 사람 몸 얻기 어렵다' 하셨습니다.
불자가 되어 저희는 더없는 영광이라 여깁니다.
오늘 저는 재가신중을 위해 부처님께 기원드리고자 합니다.
바라옵건대 신도대중이 저마다 부처님의 가르침에 따라
인과를 굳게 믿고, 오계를 받들어 지니며
부모에게 효도하고, 부부간에 서로 공경하며
친구는 서로 격려하고, 상하 간에 관용 베풀게 해주시옵소서.
생활 속의 불법은 안팎이 일여하고

인간의 불법이 가정과 사업 골고루 다지게 해주시옵소서.

자비롭고 위대하신 부처님!

정성스런 신중은 번잡한 세상 속의 맑은 물줄기와 같습니다.

어떤 이는 자금과 울력으로 도량을 장엄하게 합니다.

어떤 이는 신심으로 공양하여 유정중생을 이롭게 합니다.

수달장자*는 강당을 세우고 승가를 머물게 했사오며

유마거사*는 두루 설법하여 대승불교를 널리 퍼뜨렸고

승만부인*은 궁중에서 법을 펼쳐 전국의 불국토를 실현시켰고

옥야녀*는 사사*를 공양하고 삼보를 공경했습니다.

그들은 정지正知 정견正見을 스스로 이루고 지켰으며

그들은 신명을 다 바쳐 교단과 승가를 보호하였습니다.

재상 배휴*는 저술을 통해 법난에서 구해냈으며

인산거사*는 경전 인쇄와 학교를 세워 문화와 교육으로 홍법했고

여벽성*은 호생護生을 부르짖으며 유럽과 미국에서 전교하였고

손장청양*은 분주히 다니며 불법과 승가를 보호하였습니다.

그들은 생명 위해 역사를 남겼고

그들은 중생 위해 선연을 남겼고

그들은 자신 위해 공덕을 남겼고

그들은 불교 위해 원심을 남겼습니다.

자비롭고 위대하신 부처님!

저는 재가신도들을 위해 기원드리고자 합니다.

그들은 선현의 풍모 본받아

삼무루학三無漏學 닦아 지녀야 하고

육바라밀六波羅蜜 널리 알려야 하고

행해병중行解並重 중시해야 하고

복과 지혜 함께 닦는 실천을 해야 합니다.

그들은 발심하는 과정에서 수많은 시험대에 오를 수도 있습니다.

그들은 신앙의 도로 위에서 수많은 곤경에 부딪힐 수도 있습니다.

이런 경우에 모두 부처님 가피를 기원합니다.

그들의 도념이 견고해지게 도와주시고

그들이 난관을 돌파해 나가게 도와주시옵소서.

부처님의 보호를 더욱 간절하게 기원하옵니다.

그들이 번뇌를 여의고 안락을 증득하게 하시옵소서.

그들이 보리를 성취하고 세간에 복을 짓게 하시옵소서.

승가와 재가신도가 손잡고 함께 불교를 드높이고

승가와 재가신도가 협력하여 함께 정토를 만들게 해주시옵소서.

자비롭고 위대하신 부처님!

지극한 정성으로 드리는 저의 기원 받아주시옵소서.

지극한 정성으로 드리는 저의 기원 받아주시옵소서.

---

* **수달장자**須達長者: 사위성 장자. 성품이 인자하고 고독한 이들을 가엾이 여겨 보시를 많이 행하였기에 사람들은 급고독장자라고 불렀다.
* **유마거사**維摩居士: 비사리毗舍離 성의 부처님 재가제자. 비록 세속에 머물지만 불법에 정통하여 거사들의 모범이었다.
* **승만부인**勝鬘夫人: 인도 파사익 왕의 딸로 부모의 영향을 받아 불교에 귀의하였

 으며『승만경』을 설하였다.
* **옥야녀**玉耶女: 수달須達 장자의 며느리이다. 집안이 부유한 것만 믿고 아내로서의 덕이 없었지만 후에 부처님께 감화되어 불법을 봉행했다.
* **사사**四事: 승려에게 필요한 네 가지 물건. 의복, 음식, 탕약, 와구(또는 방사)를 말한다.
* **배휴**裵休: 하남 사람으로 당나라 때 재상을 지냈다. 무제武帝와 선제宣帝 때 불교가 난을 당하자 나서서 비호했다.
* **인산**仁山: 안휘 사람으로 청나라 말기, 중국불교의 중흥을 이끈 중추적인 인물이다. 금릉각경처를 설립했다.
* **여벽성**呂碧城: 안휘 사람으로 각국 언어에 능통하여 유럽과 미주 불교자료를 수집하여 책으로 편찬하고, 다양한 역경서를 발행하였다.
* **손장청양**孫張淸揚: 민국 시기 호남 사람으로 열정적으로 홍법하였고 불교와 승가를 보호하였으며 근대불교에 큰 공헌을 하였다.

불광기원문 098

부모님을 위한 출가승의 기원문

자비롭고 위대하신 부처님!
저는 오늘 지극히 공경하는 마음으로
저의 부모님을 위한 축복과 축원 드리고자 하옵니다.
만일 부모님께서 힘들어도 애써서
저의 색신 생명 길러주시기 않았다면
제가 어떻게 자라 성인이 될 수 있었겠습니까?
만일 부모님께서 밤낮없이 보호하시며
저를 가르치고 이끌어주시지 않았다면
제가 어떻게 학식과 교양 갖출 수 있었겠습니까?
지금 가족의 정을 끊어내고 불문에 귀의하지만

부모님의 산처럼 높은 정과 바다처럼 깊은 은혜
저는 한시도 잊지 않을 것입니다.
자비롭고 위대하신 부저님!
부모님의 신심이 건강하게 가피해 주시옵소서.
부모님이 길상하시고 뜻한 대로 이루게 해주시옵소서.
부모님께서 인과를 굳건히 믿게 해주시고
부모님께서 보리심을 내게 해주시옵소서.
저의 형제자매가 자녀로써의 도리를 다 하여
부모님께서 물질적으로 부족함이 없길 희망하옵니다.
자비롭고 위대하신 부처님!
저는 부처님께 심경을 말씀드리고 싶습니다.
저의 부모님은 바쁜 인생 속에서
애착이 강하고 속세의 법을 버리기 힘듭니다.
가정에 대한 그들의 염려와 자녀에 대한 그들의 근심을
사실 다 내려놓아야만 하나이다.
자손은 그들이 가진 그들만의 복이 있으니
자손을 위해 소·말이 되지 말라 했기 때문입니다.
부모님은 인연 가는 대로 내려놓는 생활을 해야
자재롭고 마음이 편할 수 있습니다.
스리랑카의 마힌다(mahinda)*와 상가밋타(saṅghamittā),
당나라의 규기대사*는
모두 부친의 손에 이끌려 불교에 들어왔으며

자비와 희사

훗날 청사에 길이 이름을 남기고 공덕 역시 높습니다.
자비롭고 위대하신 부처님!
저는 비록 자질이 뛰어나지 못해
선현의 만분지 일도 따라갈 수가 없습니다.
그렇지만 그분들의 정신을 본받아
수행에 노력하고 도 닦는 데 힘쓰며
불법을 널리 알려 유정중생 이롭게 하길 원합니다.
저의 이 작은 성의가 저의 효심 원만하게 하기를 기원합니다.
저의 부모님이 세세생생
악도에 떨어지지 않고 번뇌를 여의며
부처님 세상을 만나 가르침을 듣길 더욱 간절히 원합니다.
그분들이 부처님 전에 앉아
보리를 닦는 도반과의 선연 맺게 해주시옵소서.
자비롭고 위대하신 부처님!
지극한 정성으로 드리는 저의 기원 받아주시옵소서.
지극한 정성으로 드리는 저의 기원 받아주시옵소서.

＊**마힌다**mahinda: 인도 아소카왕의 아들. 여동생 상가밋타(saṅghamittā)와 함께 스리랑카 불교의 개조開祖이다.

＊**규기대사窺基大師**: 당나라 장안 사람이며 현장법사의 제자가 되는 칙서를 받았다. 각종 경륜에 능통하였으며, 법상종의 시조이다.

자비와 희사

불광기원문 099

출가자녀를 위한 기원문

자비롭고 위대하신 부처님!
저의 아이가 출가하여
드디어 부처님의 제자가 되었사옵니다.
삭발한 머리를 바라보고
승복이 나부끼는 모습을 보고 있자니
저의 눈에서는 눈물이 하염없이 흘러내립니다.
부처님이시여!
이것은 슬픔과 아쉬움의 눈물이고
이것은 환희와 감동의 눈물임을
부처님께서는 아시는지요?

부처님께서 크고도 큰 위덕으로 그를 보우해 주시길 기원하옵니다.
그가 부처님의 계법 받아 지녀
영원히 발보리심하는 승려 되게 해주시고
그가 열심히 지혜 배우고 닦아
영원히 자비롭고 장엄한 행자 되게 해주시옵소서.
이제 그가 스승과 도반을 존중하고 일심으로 은혜 잊지 않기를
기원하옵니다.
이제 그가 겸손하게 가르침을 받아들이고 모든 인연을 따르며
감정에 흔들리지 않기를 기원하옵니다.
자비롭고 위대하신 부처님!
저의 아이를 받아주시어 감사합니다.
그가 법유法乳를 받아 법신 자라게 하시고
그가 법해法海에 들어 법미法味 섭취하게 해주시옵소서.
저와 같은 어리석은 일개 범부도
승단은 성현을 만들어내는 커다란 용광로이고
승단은 용상을 길러내는 선불장이라는 것을 잘 알고 있습니다.
혜가대사*는 눈밭에서 한 팔을 잘라 드디어 커다란 법을 얻었습니다.
법원선사*는 굴욕조차 마다하지 않아 드디어 큰 그릇이 되었습니다.
자비롭고 위대하신 부처님!
저는 아이가 저를 봉양하거나 가문을 빛내기보다는
높고도 높은 덕을 본받아
가르침으로 중생을 제도하길 원합니다.

자비와 희사

부처님이시여! 어떠한 말로도
부모 된 자의 근심과 기대는 다할 수 없습니다.
오늘 기왕에 제가 그의 출가를 허락하였으니
이후 저는 그의 도업을 옹호할 것입니다.
자비롭고 위대하신 부처님!
다시 한 번 그를 보우해 주십사 간청하옵니다.
그가 가혹한 시험 이겨낼 수 있게
강건한 의지 내려주시옵소서.
그가 구법의 적막함 인내할 수 있게
용맹한 신심 내려주시옵소서.
그가 마음의 마구니를 인욕할 수 있게
반야의 위신력 내려주시옵소서.
그가 외부의 충격 감당해낼 수 있게
견고한 도념 내려주시옵소서.
자비롭고 위대하신 부처님!
지극한 정성으로 드리는 저의 기원 받아주옵소서.
지극한 정성으로 드리는 저의 기원 받아주옵소서.

---

* **혜가대사**慧可大師: 남북조 시기의 승려로 하남 낙양 사람이다. 달마조사를 경배하고 후에 선종의 2대 조사가 되었다.
* **법원선사**法遠禪師: 송나라 때 임제종의 승려로 정주 사람이다. 부산浮山에 머물며 특이한 기법機法으로 세간에서는 '부산구대浮山九帶'라고 불렸다.

자비와 희사

불광기원문

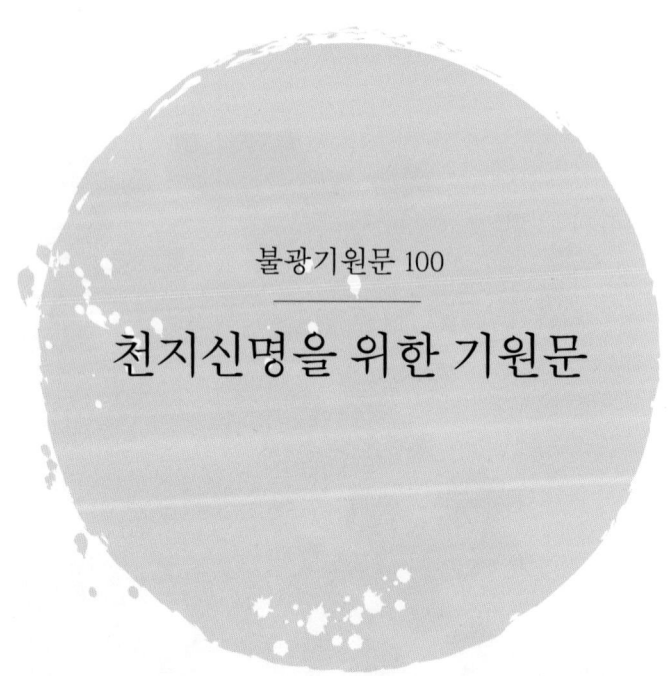

불광기원문 100
―――――
천지신명을 위한 기원문

자비롭고 위대하신 부처님!
저는 오늘 신령과 귀신을 위해 부처님께 기원드리려 하옵니다.
그들은 감촉을 느낄 수 있는 범부의 육신은 아니지만
마찬가지로 법계 안에서 생활하고 있습니다.
심지어
그들은 인도人道에서 태어난 적도 있습니다.
우리들 전생의 부모이거나 친척이기도 했습니다.
그들 가운데는 왕공귀족도 있을 수 있고
혹은 장사꾼이나 심부름꾼이었을 수도 있습니다.
그들은 갑부였을 수도 있고

혹은 가난한 서생이었을 수도 있습니다.
그들은 충신과 열녀였을 수도 있고
혹은 영웅호걸이었을 수도 있습니다.
그들은 재주가 출중했을 수도 있고
혹은 점쟁이였을 수도 있습니다.
좋은 복이 가득했건 악업이 감싸고 있건
신령과 귀신이 된 그들도 희로애락이 있습니다.
그들도 사랑과 미움이 있습니다.
심지어는 그들에게 탐진치가 있고
그들에게 무지와 무명도 있습니다.
그래서 그들은 신통력은 있지만 자유자재하지 못하고
그들은 세력을 쫓아다니지만 궁극에 다다르지 못합니다.
자비롭고 위대하신 부처님!
중생은 모두 불성을 지니고
중생은 누구나 제도될 수 있다 하셨습니다.
부처님의 커다란 가피로 그들 모두 삼보에 귀의하여
지난날의 죄업 참회하고
집착하는 마음에서 벗어나 깨달음 주시길 바라옵니다.
인천人天의 선도善道 초월하여
수승하고 아름다우며, 안락과 즐거움 주시고
불법의 참된 진리 수학하고 거짓과 왜곡됨 버리게 해주시고
마음의 의혹 낱낱이 풀고 복덕의 인연 기르게 해주시옵소서.

자비와 희사

제석천*은 부처님을 호법하였기에
악업을 없애고 천계에 올랐습니다.
귀자모*는 원래 인육 먹는 것을 좋아했지만
지난날의 죄를 진심으로 뉘우쳐 복의 과보를 얻었습니다.
대수긴나라*는 음악으로 불법을 전하는 데 도움을 주어
많은 중생의 예경을 받았습니다.
대자재귀왕*은 신력으로 중생을 보호하여
부처님의 수기를 얻었습니다.
그들은 신령과 귀신에게 본보기를 보여주었으며
그들은 후세 중생에게 미담을 남겼습니다.
자비롭고 위대하신 부처님!
모든 신령과 귀신을 보우해 주시길 기원하옵니다.
그들이 부처님의 인도로
모두 보리심을 내어 보살도 행하게 해주시고
모두 자비와 희사로 자리이타 하게 해주시고
모두 머무는 곳 따라 무리에 휩쓸리게 해주시고
모두 서원을 견고히 하여 중생을 유익되게 해주시옵소서.
미래의 세간에는 모든 근심과 괴로움이 없고 악도가 사라지며
선인이 함께 계시는 정토가 출현하기를 희망하옵니다.
자비롭고 위대하신 부처님!
지극한 정성으로 드리는 저의 기원 받아주시옵소서.
지극한 정성으로 드리는 저의 기원 받아주시옵소서.

- *제석천: 원래 마가다국의 바라문이었지만 복덕이 높아 도리천에 태어나 불교호법의 주신主神이 되었다.
- *귀자모鬼子母: 주로 타인의 아이를 잡아먹었지만 귀의한 뒤에 출산과 유아의 보호신이 되겠다고 서원했다.
- *대수긴나라大樹緊那羅: 천제의 법을 집행하는 악신樂神. 권속들을 거느리고 부처님께 나아가 아름다운 음악을 연주하여 부처님께서 수기하였다.
- *대자재귀왕大自在鬼王:『지장경地藏經』에 이르길, 임종을 맞은 중생을 보호하겠다고 발원하여 부처님으로부터 수기를 받았다.

【저자】 성운대사

성운대사星雲大師는 1927년 강소성江蘇省 강도江都에서 태어났으며, 12살에 남경 서하산棲霞山의 대각사大覺寺에서 지개志開 큰스님을 스승으로 모시고 출가하였다. 이후 금산金山, 초산焦山, 서하율학원棲霞律學院 등 선정 율학의 대가람에서 불법을 수학하였다.

1949년 봄 타이완으로 건너와 월간지 『인생人生』의 편집을 맡았으며, 1953년 의란宜蘭에서 염불회를 조직해 불교 포교의 기초를 마련했다.

1967년 인간불교人間佛敎를 종풍宗風으로 불광산을 창건하고, 불교문화・교육・자선사업 등에 온 힘을 기울여 왔다. 연이어 세계 각지의 삼백여 곳에 사찰을 세웠으며 미술관, 도서관, 출판사, 서점, 운수병원, 불교대학을 설립했다. 또한 타이완의 불광대학과 남화대학, 미국의 서래대학, 호주의 남천대학 및 광명대학 등을 세웠다. 1970년 이후에는 '대자육유원大慈育幼院'이라는 고아원과 '인애지가仁愛之家'라는 양로원을 지어 외롭고 힘든 무의탁 아동과 노인들을 보살펴 왔으며, 긴급 구조 활동 등 사회복지에

힘쓰고 있다. 1977년 '불광대장경편수위원회佛光大藏經編修委員會'를 발족하여 『불광대장경佛光大藏經』과 『불광대사전佛光大辭典』을 편찬했다. 그밖에도 『중국불교경전보장백화판中國佛教經典寶藏白話版』을 출판했고, 『불광교과서佛光教科書』, 『불광총서佛光叢書』, 『불광기원문佛光祈願文』, 『인간불교총서人間佛教叢書』, 『백년불연百年佛緣』 등을 편저하였다. 계속해서 칠레 세인트 토머스대학, 호주 그리피스(Griffith)대학, 미국 휘티어(Whittier)대학, 그리고 홍콩대학 등 세계 각 대학에서 명예박사 학위를 수여했으며, 남경南京, 북경北京, 인민人民, 상해동제上海同濟, 호남湖南 그리고 중산中山대학 등에서 명예교수직을 받기도 했다.

성운대사는 인간불교를 널리 알리고자 노력하였다. 스스로를 '세계인'이라 자처하며 환희와 융화, 동체와 공생, 존중과 포용, 평등과 평화 등의 이념을 두루 펼쳤다. 1991년 창설된 국제불광회의 총회장에 추대되었으며, 지금껏 "불광이 두루 비치고, 오대주에 법수가 흐르게 하자(佛光普照三千界 法水長流五大洲)"는 이상을 실천해 오고 있다.

【역자】조은자

대학에서 중어중문학을 전공하고 현재 전문번역가로 활동하고 있다. 성운대사의 『합장하는 인생』, 『천강에 비친 달』, 『성운대사의 관세음보살 이야기』, 『인간불교, 부처님의 참된 가르침』, 『계·정·혜, 인간불교의 근본 가르침』, 『삶의 여행자를 위한 365일』, 『성운대사의 세상 사는 지혜』, 『인간불교, 부처님이 본래 품은 뜻』을 우리말로 옮겼다.

【서울 불광산사】

※ 1998년, 한국과 대만 간의 불교 교류를 증진시키기 위해 성운 큰스님이 서울 중구 동호로(02-2276-0993)에 '서울불광산사'(주지 의은)를 창립, 양국 문화교류가 이루어지고 있다.

※ **기도 법회** 및 **문화강좌**(중국어, 참선, 태극권, 불교교리 등) 개설, **적수방**(사찰음식 및 차, 불교작품 감상) 운영 등을 통해 대중과 만나고 있다.

부처님 광명 기원문

초판 1쇄 인쇄 2018년 8월 1일 | **초판 1쇄 발행** 2018년 8월 10일
지은이 성운대사 | 그린이 원성스님 | 옮긴이 조은자 | 펴낸이 김시열
펴낸곳 도서출판 운주사

(02832) 서울시 성북구 동소문로 67-1 성심빌딩 3층
전화 (02) 926-8361 | 팩스 0505-115-8361

ISBN 978-89-5746-525-7   03220   값 23,000원
http://cafe.daum.net/unjubooks 〈다음카페: 도서출판 운주사〉